生活

小學生的
生活禮儀課

ルール 12歳まで
&常識BOOK

監修／佐藤 夕
譯者／何姵儀

什麼是「禮儀」？

聽到「禮儀」這個詞時，
大家會想到什麼呢？

這個詞給人的印象或許有點刻板，
不過所謂的禮儀，是**為了讓在場的所有人
感覺舒適而想出來的。**
像是「公共禮儀」和「餐桌禮儀」
就是讓大家擁有一段快樂時光的行動舉止。

另一方面，常識及規則是讓在場的人們
過得安全又舒適的約定。

只要了解正確的禮儀與常識，
就能讓我們的日常生活變得**更加開心輕鬆、舒適自在**喔！

自己的生活一旦有了餘裕，
就有時間體貼旁人，
為周遭的人著想。

只要懂得將心比心，
善待他人，
生活一定會更出色！

接下來本書要為大家介紹
日常生活禮儀、常識與規矩，
以及討人喜愛的溝通方式，
好讓自己及對方擁有一段歡樂時光。

讓我們與主角人物凱琳一起努力
以「**討喜女孩**」為目標，
成為一個人人稱讚的好孩子吧！

登場人物介紹

凱琳

個性雖然坦率，
但是卻不太了解
人情世故的女孩。
對於整理及收納
相當有自信！

春樹

以實習管家的
身分照顧凱琳
的生活，有時
說話很直接。

百華

喜歡打扮，個
性溫和，在學
校是萬人迷，
是凱琳的知心
好友。

眞帆

個性落落大方，
非常喜歡運動。
是凱琳及百華
的同學。

我是凱琳！
小學五年級。

雖然自己立志
要當一個
讓大家

讚不絕口的
「討喜女孩」⋯⋯

但是
我的姿勢
不好⋯⋯

用餐禮儀也
差強人意⋯⋯

實習管家
春樹

再這樣下去
凱琳小姐會當不了
討喜女孩喔！

嗚嗚嗚嗚——

就是因爲這樣
我才會束手無策，
不知道該怎麼做
才好。

那妳要不要做一下
這個測驗呢？

可以知道自己的公主類
型以及該立志成爲哪種
討喜女孩喔！

5

妳是哪種類型的公主呢？

討喜女孩診斷

大家具備了什麼樣的公主素質呢？
先從下面這 10 個問題逐一確認吧！最後再將選項前方的
♥ ★ ♣ ♠ ◆ 這 5 個符號數量各別加總起來。

Q1 和知心好友去逛街的妳，
今天的打扮重點是什麼呢？

★ 涼爽的襯衫
♣ 洋溢女孩氣息的連身裙
♠ 顯眼的首飾

Q2 不經意進入電影院的妳，
現在想看什麼電影呢？

★ 最熱門的動畫
♠ 超級震撼的動作片
◆ 讓人感動的愛情故事

Q3 今天是連假的最後一天！
打算怎麼度過呢？

♥ 全家來個小旅行
★ 功課還沒寫完……
♣ 和朋友去公園玩……

Q4 朋友為情所困！
妳會怎麼做呢？

★ 聽她說完再思考如何回覆
♣ 先支持她再說！
◆ 盡量多給她建議

Q5 成為一日公主的妳，
早餐會想吃什麼呢？

♥ 氣質優雅的鬆餅
♠ 美好的一天從牛排開始！
◆ 當然是米飯

Q6 喜歡的布偶突然開口說話！
它會說什麼呢？

- ♥ 終於可以跟妳說話了
- ★ 肚子好餓喔！
- ♠ 妳讀書可不可以再認真一點？

 Q7 明天就是班級發表會了，
可是臺詞卻還沒背好。
該怎麼辦呢？

- ♥ 現在開始死背！
- ♣ 即興演出就沒問題了
- ♠ 明天說不定會請假……

 Q8 如果要送點心給朋友，
妳會想做什麼呢？

- ♣ 造型可愛的餅乾
- ♠ 鬆軟Q彈的甜甜圈
- ♦ 挑戰完整的圓形蛋糕！

 Q9 重要的約會日竟然睡過頭！
現在出門根本就趕不上……
怎麼辦呢！？

- ♥ 當面向對方道歉
- ♣ 裝病
- ♦ 打電話解釋情況

 Q10 想要請喜歡的人喝飲料，
要買什麼好呢？

- ♥ 100% 的純果汁
- ★ 可可或咖啡歐蕾
- ♦ 汽水

結 果 發 表

將 Q1～ Q10 答案前方的符號在下方塗上顏色。
塗好後數一數哪個符號數量最多，並按照指示翻到相關頁面。

♥ ♥ ♥ ♥ ♥ ♥	★ ★ ★ ★ ★ ★	♣ ♣ ♣ ♣ ♣ ♣	♠ ♠ ♠ ♠ ♠ ♠	♦ ♦ ♦ ♦ ♦ ♦
♥ 最多的人 請翻到 第8頁	★ 最多的人 請翻到 第9頁	♣ 最多的人 請翻到 第10頁	♠ 最多的人 請翻到 第11頁	♦ 最多的人 請翻到 第12頁

樂佩 型

善用與生俱來的活潑開朗 讓大家更開心 ♥

積極樂觀的妳就像可以用嘹亮的歌聲召喚森林鳥兒的樂佩，總是讓朋友想要圍繞在妳身旁喔！因為個性開朗的妳好感度實在是太出色了。

我們要成為一個……

笑容燦爛的 閃亮女孩

積極活潑、個性隨和的妳擁有一股賦予旁人青春活力的力量。就讓我們用開朗的招呼和燦爛笑臉來營造輕鬆愉快的氣氛吧！

妳是這樣子的公主！

擁有一頭亮麗長髮的公主，生活在森林深處的高塔之中。最喜歡唱歌，優美的歌聲更是讓王子一見鍾情。

要注意這幾點！

讓負面話題 揮去陰霾！

當大家的心情越聊越沉重時，就若無其事轉移話題，讓氣氛變得開朗起來，這樣心情就會變好。

打招呼時 充滿朝氣

不管遇到誰，只要面帶微笑，活力洋溢的打招呼，好感度一定會上升。

露出潔白牙齒 讓笑容更加燦爛

潔白的牙齒是燦爛笑容的必備條件。因此用餐過後一定要刷牙，讓自己擁有一張開朗的笑臉。

★ 最多的女孩……

仙度瑞拉型

信任度第一名
正氣凜然的堅強女孩 ♥

特徵 ❧

妳就像是擅長打掃的仙度瑞拉，周遭環境都整理得乾乾淨淨，無可挑剔！正義感強烈、堅強又可靠的妳往往讓旁人自嘆不如，充滿自信、落落大方的態度更是讓人讚不絕口。

我們要成為一個……

注意儀容的完美女孩

除了整理收納，衣服及身體護理等與自己有關的東西都要小心呵護保養。只要打扮整潔俐落，好感度就會滿分！

妳是這樣子的公主！

善解人意、努力向上的公主。當自己因爲無法參加皇宮舞會而難過不已時，仙女會特地下凡爲妳準備洋裝、鞋子，還有漂亮的馬車喔！

要注意這幾點！

鏡子以及梳子放在化妝包裡

手邊若是有小鏡子與梳子，就能隨時照一下臉及頭髮、簡單重整儀容，相當方便！

勤於打掃房間與書桌

只要勤於打掃，保持環境整潔，整個人就會神清氣爽，做起事來從容不迫。

看不見的地方也不放過！

內衣褲和襪子這些別人看不到的衣物，穿的時候也要保持整潔。

⑨

白雪公主 型

領導大家帶動班上氣氛的人 ♥

妳就像是和個性各有不同的小矮人開心生活的白雪公主，在班上是大家的開心果，總是讓氣氛更加熱絡。風趣幽默的妳只要一說話，就能讓大家聽得津津有味。

我們要成為一個⋯⋯

談笑風生的開心女孩

要善於傾聽，不要只顧著聊自己的事，這樣對方才會覺得「和妳聊天很愉快開心」，如果能夠根據情況適當發言更好。

妳是這樣子的公主！

不管對誰都能滿懷熱誠、用心接待，是一位體貼善良的公主。因為被壞心的王妃趕出城堡，所以才會在森林中與七位小矮人一起生活。

요 要注意這幾點！

聽別人說話時要適當做出反應

說話時對方若是聽得興致勃勃，應該會很開心吧！所以當我們在聽別人說話時，也要記得有所反應喔！

要讓大家聊得開心！

盡量讓在場的每個人都聊得開心。若是有人沒有參與到對話，可以多找一些話題，和對方聊天喔！

朋友的祕密要守口如瓶

不管大家聊得有多起勁，朋友的祕密絕對不可以說出去，要好好保密，藏在心裡喔！

♠ 最多的女孩……

貝兒 型 ◆

好奇心旺盛
流行感十分敏銳的時尚女孩 ♥

特徵 ⊱

腦袋裡彷彿安裝了天線，能隨時偵測到時尚流行的妳和貝兒一樣對研究非常熱衷，只要有興趣，就會鑽研到底。在朋友心中說不定會覺得妳是一個「學識淵博」的人呢！

我們要成為一個……

善解人意的貼心女孩

蒐集各種資訊能力相當強的妳，應該十分擅長察言觀色。當察覺到對方心中有所求時，只要不經意的幫他一把，就能大幅提高自己的信賴度。

妳是這樣子的公主！

喜歡看書、好奇心相當旺盛的公主。也有心地善良的一面，所以才會代替爸爸到野獸居住的城堡裡去，而且還慢慢被野獸的體貼所吸引。

要注意這幾點！

盡量試著「推測未來」

採取行動之前先想想這麼做會有什麼後果，以便磨練推測力。

隨時隨地關心旁人

隨時留意身旁有沒有人遇到困難。自己若是幫得上忙，那就適時伸出援手吧！

開心時光樂在其中！

參加活動時要盡情享受！眾人同心協力也算是一種「體貼」喔！

睡美人型

氣質高雅的知性美人 ♥

特徵

與能歌善舞、氣質優雅的睡美人一樣的妳，端莊高雅，深受矚目。有條有理說出心中想法的個性更是令人欣羨。

我們要成為一個……

姿態優美的典雅女孩

給人冷靜穩重印象的妳，在班上總是讓大家一見傾心。就讓我們培養出優美的姿態與高雅的舉止，在眾人面前脫穎而出吧！

妳是這樣子的公主！

秀外慧中、才華洋溢的公主。出生時雖然被魔女詛咒，在15歲生日這天陷入沉睡，終於在一百年後得到王子的拯救。

要注意這幾點！

不可以駝背！要抬頭挺胸

只要抬頭挺胸，整個人看起來就會不一樣。挑選衣服的時候也能迅速做出決定。

遞交東西時要雙手奉上

不管是拿取還是給予，只要伸出雙手，就能留下高雅的印象。

採取行動時時間要餘裕

不管做什麼事都要預留一些時間，從容不迫的行動，絕對不可以在走廊上奔跑喔！

凱琳的
診斷結果是
「樂佩型」

善用與生俱來的開朗
讓大家更開心……

春樹好像
也曾經這麼說過。

「遵守禮儀是
讓對方心情愉悅的
必要條件」

那我就在能力範圍內
多做一些讓大家
開心的事吧！

目錄

～ LESSON 1 ～
居家禮儀

LESSON 2

學校生活禮儀

LESSON 3

外出禮儀

～ LESSON 4 ～
溝通禮儀

輕鬆小撇步

特別附錄 每日行程表
&每週行程表

LESSON 1

讓日常生活變得更精采♪

居家禮儀

我想成爲一個人見人愛的討喜女孩，但要從哪裡開始才好呢？

大小姐，您要不要先從日常生活開始回顧呢？這樣應該就能找到需要改進的地方了。

嚼嚼　　嚼嚼

明明是大小姐，
可是凱琳的
餐桌禮儀
卻讓人搖頭……

插

凱琳小姐，
吃東西時筷子
不可以用插的。

在家沒關係啦！
何必這麼
斤斤計較呢！

優美的姿態一定
要從平常開始培養。

這不是在外面
就可以馬上做到的。

凱琳小姐
在打掃及整理方面
已經相當出色了，

不如趁這個機會
學一下日常生活
禮儀吧！

在家也要有規矩！

舉止端莊、彬彬有禮的習慣要從平常開始培養，所以在家的時候也要有規矩，維持良好的儀態。

在家要牢記的 4個約定

約定 1 生活要有規律

吃飯、睡覺、運動三項均衡是生活規律的基本原則！除了早睡早起，一天吃三餐，秉持正確的姿勢度過一天也很重要。

約定 2 積極主動幫忙

既然受人委託，就要負起責任。做家事固然辛苦，但是絕對不可以全部都丟給別人做。既然是家族成員之一，那就要主動幫忙，讓全家人的生活更舒適！

約定 3 保持儀容整潔

洗臉刷牙與收拾整理都是平常就要注意的事情。只要儀容整潔，心情就會清爽，這樣就能在別人心目中留下穩重的印象，所以在家也要保持整潔。

約定 4 注意自身安全

再怎麼舒適的家也會有危險的地方。若能稍微留意，就可以防範未然。只要平時好好培養預防犯罪及災害、避免受傷等危機意識，生活就會過得更安心。

elegant check
首先……
回顧一下每天的生活吧！

～ 生活篇 ～

- ☐ 每天早上準時起床
- ☐ 早餐都有好好吃
- ☐ 了解筷子的正確拿法
- ☐ 不挑食，不吹毛求疵
- ☐ 留意言行是否端正
- ☐ 不熬夜

> 勾選項目少的人
> 請翻到第 **22** 頁！

～ 幫忙篇 ～

- ☐ 自己有負責的工作
- ☐ 會主動幫忙打掃
- ☐ 會自己洗衣服
- ☐ 了解垃圾分類的方法
- ☐ 用餐過後會收拾碗盤
- ☐ 會幫忙洗碗

> 勾選項目少的人
> 請翻到第 **34** 頁！

～ 儀容篇 ～

- ☐ 身上的衣服整齊乾淨
- ☐ 每天都會刷牙洗臉
- ☐ 東西會好好收拾整理
- ☐ 指甲會定期修剪
- ☐ 瀏海沒有蓋到眼睛
- ☐ 天天泡澡

> 勾選項目少的人
> 請翻到第 **46** 頁！

～ 安全篇 ～

- ☐ 會注意門窗有沒有關好
- ☐ 回家時會說「我回來了」
- ☐ 不會隨便邀請客人來家裡
- ☐ 能正確使用刀片及剪刀
- ☐ 東西用過之後會收拾
- ☐ 明白並遵守網路使用規則

> 勾選項目少的人
> 請翻到第 **68** 頁！

生活要有規律

**建議每天同一個時間睡覺，
同一個時間起床！**

生活規律第一個要注意的就是起床和睡覺的時間。「放假的時候想要睡晚一點」的心情固然能理解，但是不用上課的日子也要盡量在同一個時間起床，這才是理想的規律生活，千萬不要熬夜。每天要是都等到三更半夜才上床睡覺的話，不僅髮質會受損，臉色也會十分憔悴，這樣給他人的印象就會變差，身體的免疫力也會下降，容易感冒。所以我們要盡量早睡早起，就能帶著愉悅舒暢的心情開始美好的一天。

什麼？放假的時候
我想睡晚一點……

再怎麼晚，也只能比平常起床時間晚一個小時。早上時間只要充裕，就能從容不迫的整理儀容。

這樣就可以好好梳妝
打扮了，不是嗎？

理想的一日行程

0
就寢

睡眠時間盡量維持在 9 至 12 個小時。最理想的情況就是設定鬧鐘，自己起床，不要讓家人叫你起床！

吃完晚餐洗完澡，寫完功課之後就是自由時間了。這個時候可以看看電視、翻翻書，可以做自己想做的事。

睡覺

18

補習班・才藝班

6

起床之後先洗臉。吃完一頓豐盛的早餐之後要記得刷牙。

起床

放學

學校

上學

不用去補習班或上才藝課的時候找朋友一起玩，或者是去圖書館也不錯。

12

※ 美國睡眠醫學會針對各個年齡層的孩童建議的睡眠時間如下：6 至 12 歲為 9 至 12 個小時／13 至 18 歲為 8 至 10 個小時

這裡要注意！

這樣的生活 NG！

遲遲不肯上床睡覺

熬夜對於養顏美容和身體健康都沒有好處！一天最好能睡滿 9 至 12 個小時。從自己必須起床的時間開始往回推算，這樣就能決定上床睡覺的時間。

不吃早餐就去學校

早餐是一天的活力來源，不能不吃。要是沒有吃早餐，就會無法集中精神專心念書，有時體力甚至會撐不到晚上。

該做的事都沒有做

功課一直不寫，牙齒也懶得刷。日常生活小事要是一直累積不做，反而會破壞生活規則！所以該做的事就要趕快做，不要拖拖拉拉喔！

早上起床神清氣爽的方法

重新檢討晚上的睡前習慣！

是不是有很多人早上眼睛都張不開、窩在棉被裡不肯起床呢？其實早上爬不起來和睡前習慣有關，像是看電視看得太晚，睡前一直滑手機，或是玩遊戲玩到半夜⋯⋯有些人說不定就是過著這樣的生活。接下來就讓我們為常常熬夜的小朋友介紹幾個睡前需要注意的地方吧！

睡前要注意的地方！

就寢兩個小時前要用餐完畢

晚餐要在睡覺的兩小時前吃完。吃完晚餐就立刻上床的話，腸胃在睡覺的這段期間會繼續進行消化，這樣身體反而會無法好好休息。早上起床如果覺得頭昏腦脹，說不定就是這個原因造成的。

不要一直看電視或滑手機

電視和手機螢幕會發出「藍光」。眼睛要是長時間一直盯著藍光看，大腦就會無法進入睡眠模式。因此睡前 30 分鐘要關掉電視和手機，讓身體慢慢休息。

發出聲音說出起床時間

設好鬧鐘，蓋上棉被之後，不妨試著發聲說出「明天要 7 點起床」。如此一來大腦就會記住時間，體內時鐘也會跟著設定，這樣早上起床一定會神清氣爽。

早上的煩惱對症下藥！

接下來要回答小學生們早上經常遇到的煩惱。

**打開窗簾
沐浴在朝陽之下**

起床之後先把窗簾拉開，晒一下太陽，這樣頭腦就會清醒一點。另外，播放音樂放鬆心情，或者喝杯水也不錯。

每天早上起床都無法神清氣爽，才一大早心情就非常鬱悶……有沒有什麼方法可以提振精神呢？

**把手和腳舉高
甩一甩吧！**

要是一直爬不起來的話……那就直接躺在床上，手腳朝天花板舉起來甩一甩，讓血液稍微循環一下，這樣起床也會輕鬆一些喔！

雖然睡醒了，
但卻一直躲在棉被裡
賴床起不來……

**準備一條溫熱毛巾，
翹髮馬上變平順**

毛巾沾溼擰乾，微波 30 秒。稍微放涼之後再將頭髮整個包起來悶 5 分鐘。等待的這段期間可以吃個早餐、刷刷牙。時間到了先梳頭再稍微吹乾，這樣頭髮就會變得平平順順。但要小心毛巾溫度，可別燙傷囉！

每天起床頭髮都會亂翹！有沒有什麼簡單的方法可以解決這個問題呢？

生活姿態要優雅

\\ 比較看看吧 //

稍微收下巴，眼睛看正前方！

不要彎腰駝背，拉起緊身褲的拉鏈時稍微縮小腹，讓骨盆成垂直狀態即可。

姿勢良好優點不少！

姿勢若是良好，就能均勻用上全身的肌肉！只要抬頭挺胸，照在胸前的光線就會反射在臉上，表情看起來會更加神采奕奕。

只要抬頭挺胸，形象立刻加分。

站立時雙腳承受的體重要均勻！

一直低頭的話，會顯得個性陰沉……

駝背時肩膀會往內彎，看起來會讓人覺得沒有自信！

姿勢不良的原因可能是它！

長時間低頭滑手機、玩遊戲，或者老是用同一隻手拿包包的話，身體的主要骨骼可能會歪斜不正！

全身的體重都落在同一隻腳上的話，會給人一種懶散的印象喔！

沒想到姿勢對於外表的印象竟然影響這麼大！

每天早上
檢查自己的姿勢

姿勢是決定第一印象的重要因素之一。端正的姿勢不僅可以留下良好印象，還能爲自己帶來自信！所以我們每天早上要先檢查一下自己的站姿是否端正。站姿是否正確，可以利用靠牆的方式來確認。站立時腳跟如右圖貼近牆壁，兩腳腳尖距離一個拳頭寬。如果後腦勺、肩胛骨、臀部及小腿能貼在牆面上，就是我們站立的時候可以保持正確的姿勢。要是有某個部位無法靠牆，就代表身體可能已經彎曲了！

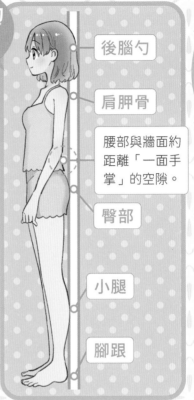

正確的姿勢

後腦勺

肩胛骨

腰部與牆面約距離「一面手掌」的空隙。

臀部

小腿

腳跟

矯正姿勢運動大挑戰！

一天六組爲佳♪　只要堅持不懈，就能改善駝背☆

1 參考圖片，手肘與肩同高，手掌朝向正面，手肘呈 90 度。

2 肩膀盡量打開，彷彿正後方有一面牆要靠過去，每一組約做 5 次。

三餐飲食要均衡！

基本正餐「三菜一湯」
營養均衡輕鬆達成！

正餐最理想的菜色就是三菜一湯。一湯
是味噌湯等湯類，三菜則是指三道菜，
也就是一道肉或魚之類的主菜，以及兩
道蔬菜或菇類等配菜。另外再加上白飯
與醬菜（醃漬小菜），這就叫三菜一湯。
只要留意菜色內容，就能均勻攝取各種
營養素！營養素是創造肌肉、活動筋骨
時不可或缺的物質。食材不同，所含的
營養素就會跟著改變。先讓我們來看看
常吃的食材裡含有什麼樣的營養素。

料理&食材與營養素

	食材種類	主要的營養素
主食	白飯、麵包、麵類	碳水化合物（醣類）
主菜	肉、魚、蛋、豆製品	蛋白質、脂質
副菜	蔬菜、菇類、海藻類	維他命、礦物質、膳食纖維
乳製品	牛奶、起司、優格	礦物質、蛋白質、脂質
水果	橘子、蘋果	維他命、礦物質

五大營養素的功能

在所有的營養素當中，最重要的五種稱爲「五大營養素」。
用餐時一定要盡量均衡攝取這五種營養素♪

碳水化合物 (醣類)

讓身體活動、腦筋運轉的「熱量」來源。醣類不足時會引起身體不適，例如無法集中精神，做事提不起勁。

蛋白質

組成骨骼、肌肉、血液及內臟等「打造身體」時不可或缺的營養素。蛋白質若是不夠，指甲與頭髮會非常容易受損！

脂肪

活動身體時可以轉化成熱量的營養素。少量攝取就能補充豐富的熱能，但是過量攝取的話會肥胖，要多加注意！

維他命

調養身體時不可或缺的營養素。維他命有 A、C、D，種類相當豐富，所以要盡量多多攝取。

礦物質

打造身體不可或缺的營養素，除了可以強化骨骼及牙齒的鈣質，還有能夠造血的鐵質。容易攝取不足，故要多加補充。

碳水化合物裡有減肥的好朋友「膳食纖維」喔！而且膳食纖維還能幫助排便。

從小培養餐桌禮儀！

關鍵在於「開心用餐」

用餐時最重要的一點，就是讓在場的所有人樂在其中。不管是在學校吃營養午餐還是與朋友吃飯，和家人一起用餐的時候也是一樣。想讓大家開心用餐，那就不能少了「餐桌禮儀」。餐桌禮儀是為了讓自己及對方在用餐的過程當中心情愉悅的禮儀。只要熟悉細節，在餐廳等地方用餐時就會更加順心。

餐桌禮儀在第 120 頁有詳細說明喔♥

用餐時要注意這幾點！

記得打招呼

藉由「開動了、領受了」或「吃飽了、謝謝招待」等字詞表達感謝的心情，是很基本的禮儀，外出到餐廳用餐時，也不要忘記向餐廳的人打招呼。

正確使用餐具

正確拿筷子及正確使用餐具都是用餐的基本禮儀！餐具的使用方法若是不夠恰當，可能會讓旁人感到不快。

勿彎腰駝背

用餐時姿勢要端正！吃東西的時候只要抬頭挺胸，身體打直，腸胃等消化器官就能好好發揮作用。另外，手肘也不可以放在餐桌上喔！

感謝提供這頓飯的每一個人

用餐前後的招呼語一定要誠心誠意的說出來！例如用餐之前說的「領受了」是對於肉類及蔬菜這些生命之物表達謝意；而用餐之後說的「謝謝招待」是對做這頓飯、運送食材以及端送菜餚的人所表達的謝意。因此我們要滿懷感激，誠心說出用餐的招呼語，好好謝謝與這頓飯有關的每個人。

製作食材的生產者、運送食材的人，以及市場還有商店裡的人也要好好表達感謝！與料理有關係的人並不是只有廚師喔！

聊些開心的話題

用餐的時候大家都喜歡聊些開心的話題，所以聊天時一定要找一些能讓大家越聊越開心的主題，像是發生在自己身上的開心事，或者是當天的菜色及食材也可以，盡量避免只有一部分的人才知道的事，免得其他人無法融入話題之中。

用餐人數比較多的時候，和坐在兩側的人聊天就可以了！

這裡要注意！

NG 話題

討厭的食物

吃東西的時候要是眼前的人對妳說「這個不好吃！」妳會有什麼感覺？所以就算是自己不喜歡吃的東西，也不可以大聲這麼說。

說壞話或發牢騷

盡量避免說某個人的壞話或發某個人的牢騷，因為這類話題會讓大家對當事人產生負面印象。難得聚在一起享受美食，聊天的內容當然要快樂一點，讓氣氛更加熱絡。

學習正確的拿筷方式

參考右圖，用大拇指、食指、中指
這三根手指拿起筷子之後，下方的
筷子夾在大拇指根部，再用無名指
的第一關節支撐，這就是正確的拿
筷方式。夾菜時下面的筷子不動，
移動上面的筷子就可以了。

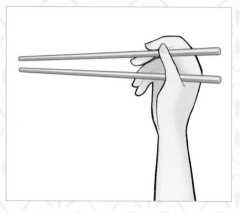

NG 的拿筷方式

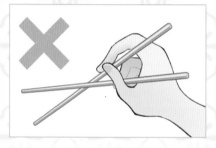

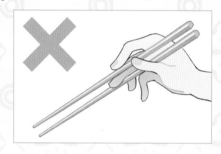

拿筷子的時候力道若是太大，多餘
的力量就會讓上下的筷子交叉，變
成「交叉筷」，但是這樣子的拿筷
方式並不美觀，因此要改正。

中指夾在上下筷子之間的拿法稱爲
「平行筷」。但是筷子平行的話反
而會不好夾菜。

✗ 用筷禁忌

夾筷	……用筷子夾食物給別人
吸筷	……舐拭筷尖上的湯汁
立筷	……把筷子插在米飯上
移碗筷	……用筷子把遠處的碗盤拉過來
淚筷	……食物送入口時筷尖的湯汁流下來

日式飯菜的
配膳範例

飯碗放左邊，湯碗放右邊。而烤魚片則是將魚皮的那一面朝上擺放。如果是整條魚，魚頭通常會朝左。

吃飯時碗要端起來

吃飯時把碗端起來是比較雅觀的動作。一般來說，用餐時比手掌小的容器要端起來，比手掌大的容器則是放著。不過將盛米飯的大碗公端起來吃也是可以的！

1
食用碗裡的食物時，拿取的順序是先碗後筷。先用雙手捧起碗。

2
再來用右手（※）從上方拿起筷子，筷尖夾在左手的小指與無名指之間。

3
左手夾住筷尖，右手沿著筷子移到正確拿筷的位置上。到這邊要一氣呵成喔！

※ 以上為右撇子的情況，左撇子則是用右手拿碗，左手拿筷子。

約定 2
積極主動幫忙

**身為家庭成員之一，
就要積極主動為家裡幫忙**

打掃、洗衣服、煮飯之類的家事，大家會幫忙多少呢？有的人會每天固定做某些家事，有的人是放假的時候再幫忙，當然也有人全丟給家裡的人做。可是家裡的事＝家事，是要全家人互相幫忙的。所以我們必須體認到自己也是家裡的成員，要多加找些自己能做的家事。

> 除了打掃與整理，其他家事好像都是管家爺爺在做……！

幫忙做家事，家人更開心！

打掃玄關

玄關容易囤積沙子及灰塵，所以要常打掃。鞋子可以整齊擺放，或者收到鞋櫃。

準備餐點

就算只是幫忙洗米、擦桌子或分菜，對家人來說也算是幫了大忙喔！

打掃浴室

浴缸用海綿刷就能清潔溜溜，最後再用蓮蓬頭沖洗，等水排乾，塞上水塞就可以了。

清洗碗盤

幫忙清洗用過的碗盤，或放到洗碗機裡沖洗。洗好的碗盤若能再順手擦乾歸位更好。

摺衣服

把晒乾的衣服摺好。摺好的衣服若能按照主人分類後歸位那就更好了！

倒垃圾

記住倒垃圾的日子，並且拿到指定的垃圾場。有時候出門上課可以順便拿去倒呢！

零失敗的洗滌技巧

先確認標籤上的洗衣標示

洗衣服之前一定要先確認標籤上的「洗衣標示」，因為這上面寫著適合這件衣服的洗滌方式。有些布料不耐熱，有些碰水就會縮水，有些甚至不能按照平常的方式來洗，這些都要注意。

善用洗衣袋

像胸罩這種帶有金屬的衣服，或者是形狀容易洗壞的毛衣在丟進洗衣機前一定要先裝到洗衣袋，這樣在清洗的過程當中就能避免衣物因為水流衝擊或脫水力道太強而變形。而洗衣袋的大小也要配合洗滌的衣物。

主要的洗滌標示

 洗衣盆裡的數字代表水的最高溫度，底下的橫線代表清洗的水流強弱。橫線越多，就越需要柔洗。

 手伸進洗衣盆裡的圖案是手洗標示。不能用洗衣機洗，只能用手溫柔壓洗。

這是禁止在家水洗的洗滌標示。這類衣物若是髒了，就要送洗。

洗衣機不要塞太滿

洗衣機裡的衣服若是塞太滿，在清洗的過程當中水就會無法流動，如此一來汙垢的洗淨效果就會扣分。汙垢一旦殘留，細菌就會繁殖，這樣說不定會產生異味！重要的衣服若要保持清潔，每次清洗時洗衣機裡的衣服一定要適量。

衣服洗好之後要盡快從洗衣機裡拿出來晒乾。

培養掃除習慣，保持環境整潔

好好養成打掃習慣

只要把房間的每個角落打掃乾淨，整個人的精神就會格外清爽。沒想到打掃竟然會有這種好處！自己平常要是有打掃的話，就會注意到一些小地方，身旁的物品也會好好使用。所以除了自己的房間，大家共用的空間也要養成髒了就隨手打掃的習慣。

有了它會更方便！

隨手黏

不管是睡床、地毯還是衣服，只要發現沾到小垃圾，滾一下就清潔溜溜了！

溼紙巾

就算沒有抹布，照樣能輕鬆擦拭汙垢的便利工具。書桌等伸手可及的地方不妨準備一包。

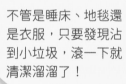

桌面小掃把

清掃桌上的橡皮屑時相當實用的工具。有的會附畚箕，大家可以留意看看。

只要手邊有這些工具，發現垃圾時就順手掃一下，這點很重要喔！

每個地區有各自的資源回收規則

家裡的垃圾要按照各地區規定的時間丟棄。除了日子，倒垃圾的時間及地點通常都會有所指定，要好好確認才行！垃圾通常可以分爲一般垃圾、資源回收物以及廚餘等三類，故在丟棄之前要先分門別類。

要是能多準備幾個垃圾桶，分別用來丟棄一般垃圾、資源回收物以及廚餘等垃圾，分類的時候會更輕鬆。

另外，處理家具或家電等大型廢棄物時，需要聯絡各區清潔隊，以便預約收運，這些都要注意。

原來如此……
本來想說換個新沙發的，那暫時先不要換，過段時間再看看好了。

這裡要注意！

垃圾要正確分類

垃圾可分爲一般垃圾、資源回收物、廚餘等三類，其中資源回收物和廚餘都是可以回收的，我們可以先了解一下資源回收物的分類方式。

～ 資源回收物的類別 ～

鐵、鋁類	玻璃類	資訊物品類
紙類（含鋁箔包）	塑膠類	照明光源類
乾電池類	鉛蓄電池類	輪胎類
機動車輛	農藥廢容器	電子電器類

回收、垃圾分類回收標誌

回收標誌

垃圾分類回收標誌
第一類 PET

垃圾分類回收標誌
第二類 HDPE

垃圾分類回收標誌
第三類 PVC

垃圾分類回收標誌
第四類 LDPE

垃圾分類回收標誌
第五類 PP

垃圾分類回收標誌
第六類 PS

垃圾分類回收標誌
第七類 OTHER

資料來源：行政院環境保護署網站

清洗碗盤的關鍵是順序

餐具分開，事先預洗

建議先依餐具的油膩程度大致分類，如咖哩盤及油垢範圍大的平底鍋等鍋具、飯碗，較容易沾上油汙的碗盤，或是像湯碗及杯子等油汙不多的餐具。碗盤若是太過油膩，可以先用廚房紙巾擦過一遍再清洗。

預洗的訣竅

油汙較多的咖哩盤等餐具

可以先用廚房紙巾將油汙擦乾淨，也可以泡在加了洗碗精的水裡。

飯碗

容易乾掉變硬的飯碗汙垢可以先浸溫熱水，泡軟之後會比較好清洗。

平底鍋、其他鍋具

油汙冷卻會凝固，因此要趁熱用廚房紙巾擦乾淨。但要小心，可別燙傷喔！

油汙較少的餐具先清洗

先從玻璃杯之類的玻璃餐具開始洗，再來是筷子或飯碗等油汙較少的餐具，這樣海綿菜瓜布上的泡泡可以撐比較久，也比較不會浪費洗碗精。而特別髒的盤子或油膩的餐具就留到最後再洗。

這裡要注意！

泡泡不要分次沖！

有時候每洗一個餐具，就會想要順便把泡泡沖乾淨，可是這樣一個一個分開沖洗不僅效率差，還會浪費水。如果先用海綿菜瓜布將所有餐具的油汙洗過之後再一起沖洗，這樣洗碗會更有效率喔！

最後再沖洗泡泡

餐具洗好之後，最後要將上面的泡泡沖乾淨。這個時候要好好確認有沒有油汙或泡泡殘留。有時碗盤乍看之下很乾淨，但是摸起來卻還是油油的，這些都要留意喔！

摸的時候沒有油油的，而且還會發出「嘰、嘰」的聲音，就代表碗盤已經洗乾淨了。

擦拭乾淨，放回餐具櫃

瀝水籃裡的餐具要是乾得差不多，那就用乾淨的布把剩下的水滴擦乾，收回固定擺放的地方。用來擦碗的布質地要柔軟一點，太過粗糙的話容易刮傷餐具。

洗碗過後要檢查廚房！

檢查水槽，看看有沒有恢復整潔。

三角瀝水架沒有殘留廚餘

海綿菜瓜布整個摔乾

瀝水籃的餐具要收起來，底盤沒有水殘留

水槽裡沒有泡泡、汙垢及垃圾殘留

水槽周圍整個擦乾

講電話要簡潔俐落

口齒清晰，報上自己的姓名及來意

講電話的時候因為看不見對方的表情，這時候說話就要口齒清晰，以便對方能清楚聽到自己的聲音。打電話過去時記得先報上姓名，「我是○○小學的△△」，讓對方知道自己是誰之後再開始說，不要電話一接通就直接說個不停，免得接起電話的人一頭霧水，摸不著頭緒。

打電話時的順序

1. 先整理重點
2. 報上姓名
3. 告訴對方想找誰
4. 說明來意
5. 結尾招呼

接電話的時候……

拿起話筒時先說「喂」，聽到對方詢問「請問是○○家嗎？」之後再回覆「是」，不要先說出自己的名字，否則對方若是惡作劇電話，就會知道我們的名字。另外，一個人看家的時候未必要接電話，這種情況之下該怎麼做，不妨和家裡的人討論看看。

電話機顯示的若是沒有登記的陌生號碼，不要接聽或許會比較好。遇到這種情況該怎麼應對，不妨先和家人擬好對策再來決定吧！

電話應答的模擬情境

嘟嚕嚕嚕嚕嚕…

喂。

請問是石川家嗎？

是的。

我是隔壁的內田。

內田阿姨好。

喔，是優奈呀！
妳好，媽媽在家嗎？

我去叫她，請等一下。

或者

對不起，我媽媽現在在忙，阿姨要
不要晚點再打過來呢？

這段對話的重點

就預防犯罪來講，剛開始接電話時先不要報上名字，等對
方說出姓名後再說比較安全。如此一來，整個招呼會比較
完整，好感度也會提高。上述例子是認識的人打電話過來。
如果是陌生人的電話，切記不要跟對方說「家人不在，現
在只有小孩子」，要說「我媽媽現在在忙」。

Happy technique

好好接待客人！

既然邀請客人到家裡，當然會想要玩得開心一點♡
因此接下來要介紹一些接待客人的訣竅！

接待方法要事先想好

招待到讓客人打道回府時覺得「很開心」、「還想再來玩」是最理想的。整理房間、布置得漂漂亮亮固然重要，但是除了這些，我們還要先想想客人來玩的時候可以做些什麼事？

迎接客人的準備工作

確實告知時間及地點

一定要確實告訴對方住家地點以及來訪時間，以免客人當天找不到路或不知所措。地點若是不好找，就畫張地圖，或者約個好找的地標再去接對方！

前一天打掃房間

最晚一定要在前一天把家裡打掃乾淨或整理好！除了飯廳和自己的房間，玄關、洗臉檯以及廁所也不要忘記打掃。當天如果能在桌上擺盆花裝飾一下的話，接待客人的時候氣氛就會更加熱絡。

準備點心及飲料

不要忘記準備點心、果汁或茶喔！可以配合客人的喜好多準備幾種，份量也要比預定的人數多一些。要是人數突然有增加，就能隨機應變。

以笑臉迎接客人

門鈴響時要盡快應門，並且在玄關迎接客人。這個時候要記得先按人數準備好室內拖鞋。客人東西若是太多或穿著大衣，不妨暫時放在玄關。大衣要記得掛在衣架上。

請客人喝茶，稍做休息

招待客人時若能將心比心，相信對方一定會很高興。客人剛到的時候應該會口渴，這個時候不妨立刻端出飲料。天熱的時候就準備冰飲，端出客人喜歡的飲料也可以。

留意大家是否玩得開心

邀請好幾位客人到家裡來時，一定要留意大家是否玩得開心。舉例來說，聊天時設法讓大家融入話題之中，玩遊戲時不要有人落單，每個人都能輪到，盡量讓所有人都開心不無聊。

接待客人的訣竅

利用壁飾，布置房間

舉辦生日派對等慶祝活動時，往往會想要貼上壁飾。顧名思義，這是一種貼在牆壁上裝飾的物品。我們可以將剪成三角形的色紙做成掛飾，也可以用氣球或印花紙來布置，這樣氣氛就會變得更熱鬧。

生日派對邀請卡
時間：4/22下午3點
地點：露娜家

製作邀請函，感覺更正式

只要做張邀請函，感覺就會變得更加正式，而且收到邀請函的人一定會非常開心！邀請函要寫上日期、時間、地點、攜帶物品等訊息。如果能畫些插圖或用貼紙點綴那就更棒了！（記得參考第 160 頁喔！）

利用紙巾，營造氣氛

我們通常都會利用紙巾來代替餐巾。這個時候如果能用紙巾摺些東西的話，整個餐桌看起來會更加華麗！右頁介紹的是最具代表性「紙扇」摺法，大家一定要試試看。

紙巾摺法

接下來要介紹餐巾常用的扇子摺法！

紙扇展開後放在餐盤上，這樣給客人的印象會更深刻。

1 紙巾對摺

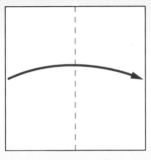

2 再摺一半

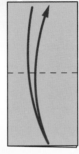

3 打開之後上下對準中線，再摺一次

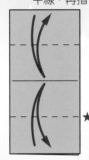

★

4 步驟 **3** 打★的摺線往後摺之後，沿著中線往上摺。

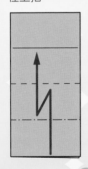

5 下半部根據圖示直接摺成三摺。

6 攤開步驟 **5** 摺疊的地方。

7 沿著步驟 **5** 的摺線由下往上摺成風琴狀。

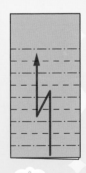

8 對摺

9 突出的正方形重疊後摺成三角形，塞入第一個摺痕中。

10 打開之後

完成！

整頓儀容及事物

注意儀容，打造舒適生活

只要打扮得體，就能在對方心中留下爽朗可靠的印象。每日在家也要注意外在，整頓環境。整理儀容最重要的就是清潔感。平常只要留意自己的髮型與服裝是否整潔，這樣內在就會跟著外在一起漂亮起來♡

check
～一起檢查以下項目～

- ☐ 穿乾淨的衣服
- ☐ 脫下的睡衣有摺整齊
- ☐ 每天都有洗澡
- ☐ 飯後都會刷牙
- ☐ 指甲有剪乾淨
- ☐ 頭髮有梳齊，沒有亂翹
- ☐ 身旁的東西有整理好

下一頁要為大家解說整理儀容的方式。

入浴多泡澡，心情更舒暢

洗澡不要只淋浴，最好泡個澡

洗澡的時候不要只淋浴，可以泡澡讓身體暖起來。全身若是夠暖和，血液循環就會變好，一天的疲憊也能消除。而且流汗過後毛細孔會舒張開來，剛好可以把身上的汙垢沖洗乾淨。所以建議每天泡澡 10 至 15 分鐘，讓全身暖呼呼。

沐浴時間的重點

水溫設定不要太高

水溫太高會對身體造成負擔喔！所以泡澡時水溫要設在 38 至 40 度左右，慢慢讓身體暖起來就可以了。

記得多多補充水分

泡澡時流的汗通常往往比我們想像的多。因此洗完澡後要喝水，以補充身體流失的水分。

飯後不可馬上洗澡

吃飽立刻洗澡的話會對胃造成負擔，無法好好休息。因此用餐過後隔個 30 分鐘再洗澡會比較好喔！

使用入浴劑也不錯

泡澡最重要的就是要放鬆心情，因此我們可以選擇喜歡的入浴劑，一邊享受芳香，一邊放鬆心情。

深呼吸放鬆心情

整個人泡在浴缸裡之後，擺出輕鬆的姿勢，閉上眼睛，慢慢地深呼吸。只要深深吸口氣，就能提升放鬆效果喔！

我泡澡的時候都會回顧今天發生的開心事♪

正確的洗頭方式

輕盈飄逸的秀髮能散發清爽宜人的感覺。
所以我們每天洗頭時一定要洗乾淨，
讓自己的頭髮常保亮麗！

1 事先稍微梳開頭髮

用梳齒較大的髮梳或大齒梳將打結的
地方梳開，用手梳也可以。頭髮沒有
梳開就直接洗的話容易造成頭髮損傷，
這一點要注意。

2 利用溫水淋溼頭髮

洗頭之前要先用溫水將頭髮及頭皮淋
溼，這個叫做「預洗」。只要預洗過
一次，洗髮精就會比較容易起泡，輕
鬆的將頭髮上的皮脂及汙垢洗乾淨。

搓滿泡泡，清洗頭皮

一邊將洗髮精搓出泡泡，一邊用指腹均勻柔洗整個頭皮。耳朵上方以及包括脖子後方的髮際線洗乾淨之後，再把洗髮精整個沖洗乾淨。

抹上潤絲，呵護髮梢

頭髮稍微擠出水分之後再抹上潤絲精。髮梢這個部分非常容易受損，必須好好保養呵護。抹上潤絲精，放置一段時間之後，再一邊整理髮流，一邊將頭髮沖洗乾淨。

包上毛巾，吸乾水分

雙手用毛巾邊包住頭髮，邊擦乾水分。擦頭髮的時候不要用力搓，力道要小一點。擦乾之後用梳子輕輕的把頭髮梳整齊，最後再用吹風機把頭髮吹乾就可以了！

善加保養，打造水潤肌膚

創造美肌的洗臉方法

洗面乳搓出泡泡

洗臉前先把頭髮綁起來，以免弄溼。用溫水將臉與手沾溼之後，洗面乳擠在手掌上，慢慢搓出泡泡。

從臉頰依序清洗

以畫圓的方式從臉頰開始清洗，接著用指腹將泡泡抹到額頭、鼻子、下巴和眼睛周圍。

用溫水沖洗乾淨

整張臉搓滿泡泡之後用溫水沖洗乾淨。臉上若有泡泡殘留可能會傷害肌膚，所以沖洗時至少要潑 10 次水，這樣才能洗乾淨！

用毛巾擦乾水分

用乾淨的毛巾輕壓，將臉上的水分擦乾，千萬不要用力搓，否則會對肌膚造成刺激。擦乾之後不要忘記保溼（請見第 53 頁）。

沖洗身體的重點

容易流汗的地方要洗乾淨

身體有些地方的皮脂分泌旺盛，容易囤積形成於皮膚表面的「角質」，每個部位情況都不同。因此除了流汗以及骯髒的地方，皮脂分泌旺盛的部位也要仔細清洗。方式和洗臉一樣，先將沐浴乳搓至起泡，之後再溫柔的清洗身體。

容易出汗的地方＝負責分泌汗水的「皮脂腺」較多的部位。消除異味是保持禮儀的其中一環，所以全身一定要保持清潔。

胸部、腋下、背部

這幾個都是容易流汗、囤積皮脂的地方，因此要仔細清洗，以免散發出汗臭味。

這裡要注意！

不可以過度搓洗！

身體若是洗得太乾淨或者是過度搓洗，別說是多餘的皮脂，連人體需要的基本皮脂也會不慎清除。肌膚若是少了皮脂，就會乾燥脫皮，有時甚至會為了恢復滋潤而分泌過多的皮脂。因此當我們在清洗身體時一定要掌握一個重點，那就是「適度清洗，力道適中」。

腳跟、手肘、膝蓋

這幾個都是容易囤積角質的地方，建議用沐浴巾來洗。但是不要選擇質地太粗的沐浴巾，免得刮傷肌膚。

勿忘汗毛處理&肌膚保溼

處理汗毛時盡量不要傷到肌膚

腋毛若是長出來，就用除毛刀小心刮除。腳毛長出來其實無妨，在意的話也可以刮乾淨。汗毛處理過後肌膚會變得非常嬌嫩敏感，因此要記得保溼。只要塗上乳液，就能賦予肌膚一層保護，避免刺激傷害。

使用除毛刀時一定要注意安全！建議使用 T 型刮刀，這樣比較安全。

刮除腋毛的方法

整個腋下塗抹專用的乳液，一邊照鏡子，一邊順著腋毛的生長方向刮除。乳液沖洗乾淨之後再檢查一次，看看是否每個角落都刮乾淨。

刮除手毛及腳毛的方法

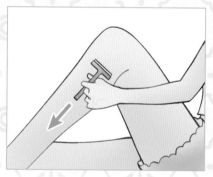

塗抹專用的乳液之後，和腋毛一樣順著毛髮生長的方向由上往下刮。刮到關節附近的時候要小心，盡量不要刮傷皮膚。

記住保溼的方法！

化妝水倒在手掌，均勻抹在臉部及脖子

1

化妝水倒在手掌上，依照臉頰→額頭→鼻子→嘴巴→眼睛的順序由內朝外塗抹開來。脖子也別忘記塗上化妝水。

用雙手按壓，讓肌膚好好吸收化妝水

2

雙手放在臉龐上輕輕按壓，讓化妝水滲透肌膚之中，好讓整張臉都能得到滋潤。若是覺得不足，那就多按幾次。

擦好化妝水之後若是按照相同步驟塗上一層乳液的話，就能夠把這份滋潤鎖在肌膚裡。塗抹化妝水時不要用拍的，要用雙手輕輕按壓肌膚，這樣化妝水才會滲透。

☆ 塗抹身體乳液，讓全身肌膚光滑細緻 ☽

洗完澡之後除了臉，全身的肌膚往往會變得乾燥，因此要趕緊塗上一層乳液，封住水分。尤其是手肘與膝蓋的部位非常容易乾燥，要多加呵護才行。另外，汗毛刮除之後肌膚也會變得乾燥，一定要加強保溼！肌膚只要夠滋潤，就不會因為過於乾燥而有發癢的感覺。

修剪指甲，重視整潔！

1 平剪指甲前端

指甲平剪，白色部分留下一公釐。注意不要剪太深。

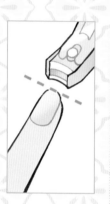

2 修剪指甲邊角

稍微修剪兩邊尖角。指甲左右的邊角太過尖銳會鉤到衣服，甚至會刮傷別人，非常危險。

3 利用銼刀修邊

指甲剪好之後用銼刀將邊角修圓。磨邊時要往同一個方向移動，而不是來回輕磨。

4 最後好好保溼

指甲修剪好之後要保溼。指甲根部沾上少許護手霜，整個攤塗在指甲上。手指若是太過乾燥，指甲邊就會冒出肉刺喔！

用美甲磨棒收尾！

用銼刀將指甲磨圓之後，最後再用美甲磨棒修整表面，讓指甲看起來更加光亮。美甲磨棒可以在百元商店買到，有機會的話不妨去看看。

在特別日子裡挑戰指甲彩繪！

column

放假或特別的日子可以買些指甲油，挑戰一下指甲彩繪吧。接下來介紹一些可以嘗試模仿的彩繪圖案！

適合夏天的流行圖案！
就讓那看起來和糖果一樣可愛的指尖吸引大家的視線吧！

繽紛多彩的指尖 讓人心花怒放

粉彩色系的格紋圖案搭配蝴蝶結，
就能設計出可愛萬分的圖案。
無名指故意塗成素色是重點！

經典美甲彩繪圖案 格紋×蝴蝶結

平時就要收拾整理！

隨身物品收拾的地方要固定

平常就要好好收拾整理周遭環境，這一點非常重要！像是自己的房間、書桌的抽屜，還有學校的置物櫃等，每天都會用到的地方一定要保持整潔。不太會打掃的人可以跟著接下來要解說的 **STEP 1～3** 流程來整理看看。只要牢記用過的東西要物歸原處，這樣就不會亂七八糟喔！

 **STEP 1**

東西要先分門別類

收納物品的地方要按照使用的頻率以及喜歡的程度來決定。大家可以參考下表，先將手邊的東西分門別類！

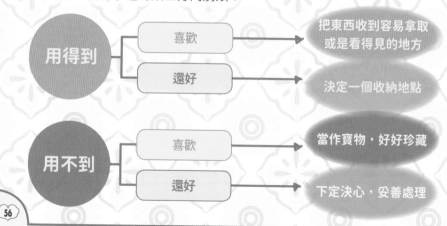

用得到	喜歡	→	把東西收到容易拿取或是看得見的地方
	還好	→	決定一個收納地點
用不到	喜歡	→	當作寶物，好好珍藏
	還好	→	下定決心，妥善處理

思考收納地方&方法

東西分類之後，要想一想收納地點及收納方法。常用的東西要放在好拿的地方，喜歡的東西要放在看得見的地方，不常使用的物品就收到櫃子裡等，也就是根據使用情況來決定東西要怎麼收納。接下來要告訴大家每種東西的收納訣竅。

校園物品

教科書及筆記本收納時最好立在書桌或書架上。畫具及笛子等在學校會用到的東西統一放在某個地方會比較好找。另外，舊課本等不太會用到的東西就當作回憶收起來吧！

文具用品

每天都會用到的鉛筆等筆類可以放在筆筒裡，或者是利用整理盒收到抽屜裡。收到抽屜裡時最好先在整理盒裡隔些空間，決定好什麼東西要放在哪個位置，這樣看起來會更加清爽。

布偶飾品

心愛的布偶可以當成飾品來布置房間。若要全部收起來，那就放在籃子或衣物收納盒裡保管。收納的時間若是較長，要記得放些防蟲劑，這樣布偶就不會遭到蟲害了。

服裝配件

衣服要收到衣櫥或衣櫃裡，包包及帽子等物品則是掛起來或者整齊排放在櫃子上方。衣服要按照季節替換（第66頁），這樣衣櫥及衣櫃才不會爆滿。

保持整齊狀態

當房間因為東西妥善「分類」及「收納」而變得清爽時,接下來要做的,就是盡量維持下去。因此我們要牢記什麼東西放在什麼地方,東西用過之後就物歸原處。如果收納在箱子或盒子裡,可以黏貼標籤註明!

這樣就很完美了!

貼上標籤發揮創意!

利用照片當標籤

收納過季鞋子或玩具等物品時的好方法。難以用文字說明的東西,只要拍張照片貼在外面,這樣就能一目了然。

利用插圖做標籤

東西收納在顯眼處時值得推薦的標籤。可愛的外觀讓人印象更加深刻,也可以運用標籤貼紙!

利用文字寫標籤

適用於插頭電線等不想讓人看到的地方,以及想要精簡整理的地方。這種標籤看起來不僅清爽,還充滿時尚感。

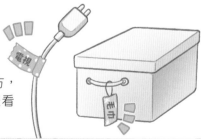

掌握打掃訣竅

接下來要根據第 6 頁診斷的公主類型介紹適合的打掃訣竅！
請大家好好掌握適合自己的整理方式。

決定時間 慢慢整理

不管做什麼事情都習慣循序漸進的妳，不妨也把整理當作生活習慣之一。只要事先決定好規則，例如每天打掃 10 分鐘，或「星期幾是打掃日」，就能慢慢養成打掃習慣。

擺設方法 多花巧思

仙度瑞拉型的女孩大多都很擅長整理，因此不妨在收納方法上花些心思，例如試試左頁介紹的標籤貼法，這樣整理起來說不定會更開心。

想到就 一鼓作氣

打掃模式一旦啟動，就會發揮出驚人集中力的妳，不妨趁這個機會一口氣打掃乾淨。花上一天的時間打掃整理，每個角落都不要放過！

試著自己 訂下規則

對於事物有所堅持的貝兒型女孩在收納這方面不妨自己訂下規則。例如在抽屜裡隔好空間，設置一個擺放文具的地方。只要自己訂下規則，打掃起來會更愉快。

試著挑戰 展示型收納

品味出眾的睡美人型女孩不妨挑戰展示型收納。像是頗有流行感的物品或小東西，有喜歡的東西就直接拿來擺飾，將房間布置成精品店風格。

發揮自己的專長整理打掃吧！

想要模仿看看！
幸福房間型錄

房間整理過後不僅心情舒暢，整體看起來也會非常可愛。
接下來提供布置房間的技巧，擺設時不妨參考看看。

心愛的雜貨與
小型植物陳列
在架子上。

包包不要直接丟
在地板上，要放
入籃子或是衣物
袋保管。

喜歡的地毯要常用
隨手黏除塵打掃，
隨時保持清潔。

哇～好可愛喔！
真希望自己的房間
也是這個樣子！

教科書、評量手冊與其他書要站立收納，這樣才能看到書背上的書名。

充滿回憶的照片及喜歡的偶像照釘在加了金屬框的軟木墊上。

床鋪旁邊的桌子擺放鬧鐘，早上盡量自己起床！

用不太到的舊課本要收在最底層的抽屜！

起床之後棉被拉平，床鋪整理好。

學會如何摺衣服

洗乾淨的衣服要摺好收好,這樣才不會皺皺的喔!接下來要介紹上衣、褲子以及內衣褲的摺法,請大家牢記在心,好好實踐。

上衣的摺法 ①

1 衣服從正中央對摺,左右兩個袖子對齊。

2 袖子對齊之後一起往內摺。

完成!

3 再對摺一次就算完成,摺成三摺也 OK!

上衣的摺法 ②

1 衣服背面朝上,在肩寬一半的地方將袖子往內摺。

2 長袖則參考上圖反摺過來。

3 另一邊的袖子摺法相同。

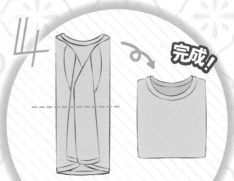

4 從中間對摺,表面朝上即可。

完成!

在步驟 *3* 摺成三摺也 OK。
這樣直立收納會更方便喔!

褲子的摺法

1

參考圖片將褲子對摺，臀部那一面朝外。

2

臀部突出的部分往內摺。

捲起來的話……

從腰部捲成圓筒狀。

3

完成！

對摺或摺成三摺即可。

褲子收到抽屜裡，立著收納會比較好找。
配合抽屜的高度來決定褲子要摺成兩摺或三摺也可以。

內褲的摺法

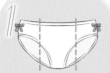

左右各摺一半。

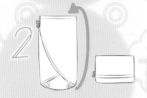

由下往上摺 2/3，最後再塞入腰部的鬆緊帶裡。

胸罩的摺法

對摺之後罩杯隆起的地方對齊。

肩帶與背扣帶收到罩杯中即可。

襪子的摺法

左右襪子對齊，腳尖對齊腳跟摺起後，在腳踝處往上摺。

襪口夾在腳尖與腳跟之間即可！

胸罩的保養方法

接下來要介紹不會讓胸罩變形的保養方法，請大家牢記在心喔！

清洗方式

用手清洗時……

水、洗衣精及胸罩放入臉盆中，先在水中甩落汙垢，較髒的地方用手指輕輕搓洗，沖淨之後再用毛巾壓乾水分即可。

用洗衣機清洗時……

背扣扣好，丟進洗衣機時一定要先裝進洗衣袋！記得用手洗或柔洗模式。

晾乾方式

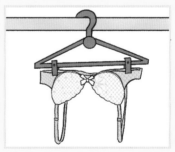

胸罩洗好之後要立刻整理形狀，參考圖片倒吊晾乾。直接日晒的話布料會非常容易受損，因此要放在通風良好的地方晾乾，這樣才會耐穿！

換季

根據季節變化更換衣櫃的衣服叫做「換季」，這也是我們整理及檢查衣服的最佳時機。因此我們可以一邊和家人商量，一邊換季。

其1 只挑想穿的衣服

從收起來的衣服當中只挑選下一個季節想穿的衣服，然後再收到衣櫃或衣櫥裡。事先預買或是恩典牌等還穿不到的衣服就暫時先收著。

其2 要保管的衣服與要回收的衣服分開

過季衣物只留明年還穿得下的衣服。恩典牌的衣服如果有人穿得下，或雖然穿不下但想要留下來的衣服就換個地方保管，不要的一律回收！

收拾過季衣物時……

保管前先清洗汙垢

衣服若是沒有先清洗汙垢直接收起來的話，會非常容易出現黃斑甚至被蟲蛀喔！所以當我們在收拾過季衣物時一定要先洗乾淨。沒有辦法水洗的衣服就送去洗衣店乾洗吧！

無法清洗的帽子，用刷子刷落灰塵就可以了。

充分晾乾防止發霉

衣物若是沒有好好晾乾，極有可能會發霉。因此不管是已經洗好的衣服還是從洗衣店拿回來的大衣，都要先放在通風良好的地方晾乾喔！而收納保管時，不妨順便放些除溼劑在旁邊。

保管時要防塵防蟲

大衣或洋裝吊掛保管的時候一定要套上專用的防塵套。不過洗衣店的塑膠套不適合用來長期保存衣物。若要保管在衣物收納盒裡，建議放些防蟲劑，這樣衣服就不會被蟲蛀了。

注意自身安全

家中其實也是危險多多！

我們每天生活的家裡其實也潛藏了不少危險呢！例如幫家人煮飯時不小心被菜刀割傷，或是小朋友在玩時不慎引起災害。因此我們要先知道家中可能會發生的緊急狀況，這樣才能保護自己，以免遇到危險。

要注意這些危險情況

意外·受傷

使用烹飪器具、暖爐及熨斗而不慎燙傷或引起火災，在浴室裡不慎滑倒等，發生在室內的事故其實非常多，因此用刀或處理滾燙的東西時一定要小心，別因為在家裡就疏忽大意。

犯罪行為

一個人看家的時候也有可能會遇到壞人來家裡。另外，腳踏車沒有鎖好的話也有可能會被偷。至於電話及網路等更要特別留意詐騙喔！

天然災害

地震及大雨可能會造成自然災害。即使無法防範未然，也要知道遇到突發狀況時要如何行動，因此要事先和家人商討對策。

沒人在家的時候要是遇到這樣的麻煩該怎麼辦呢……？

遠離危險的要點

意外受傷的情況

平常多加留意才是最首要的。東西四處亂丟往往會造成意想不到的傷害，因此我們要隨時收拾整理房間。用火或用刀的時候一定要專心，盡量不要分心看別處。

天然災害的情況

事先做好準備以防不時之需非常重要，因此我們要準備緊急時刻專用的外出袋，更不要忘記和家人決定一個分散時的集合地點。多瞭解天然災害，遇到突發狀況時一定要冷靜行動。

犯罪行為的情況

家人不在的時候門窗一定要關好。另外，上頭寫著自己名字的東西絕對不可以放在外面，家裡的鑰匙也不可以藏在信箱。至於看家時要注意哪些地方將在下一頁仔細說明。

只要平常小心留意，就能讓自己遠離危險，提高安全性。

提高防範意識很重要

確認門窗有沒有關好！

第一個防範對策就是關好家裡的門窗。除了大門，窗戶及後門有沒有上鎖也要好好確認。有時可疑人物會從二樓跑進來，千萬不要以為樓上比較安全而疏忽大意！

就算是公寓大廈的高樓層，可疑人物照樣可以從陽臺跑進家裡喔！

回到家之後……

就算家裡沒有人在，也要大喊「我回來了」。不然萬一有可疑人物跟在後面，發現家裡沒有大人在家的話，那就危險了！

鑰匙不要掛在書包上或拿在手上。

我回來了！

檢查雨傘及學校的盆栽等寫著自己名字的物品有沒有放在外面。

看家的時候……

叮咚

鈴鈴鈴

電話要先設好答錄機。

有些可疑人物會喬裝成送貨人員按門鈴。所以一個人在家時，就算有人按門鈴，不應門也沒關係！

這個時候該怎麼辦？

接下來要介紹看家時最常遇見的狀況以及應對方法！

Q 不小心接起電話怎麼辦？

A 就算不小心接起陌生人打來的電話，也不能告訴對方家人不在。在這種情況之下告訴對方「媽媽現在正在忙」就好，千萬不要讓對方知道現在只有小孩子在家。

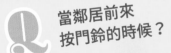

Q 當鄰居前來按門鈴的時候？

A 認識的人按門鈴若是置之不理，心裡頭應該會過意不去吧？這個時候或許可以透過對講機告訴對方「我媽媽○點才會回來，麻煩您晚一點再來」。遇到這種情況該如何應對，記得事先和家人商量。

Q 天氣熱的時候可以開窗嗎？

A 就防範來講是不行的。我們不知道可疑人物會從哪裡溜進來，所以一個人看家的時候窗戶最好全部都關起來，這樣才能安心。如果是炎炎夏日，那就打開冷氣。

遵守網路使用規則及禮儀

使用智慧型手機要遵守規則！

除了和家人以及朋友通話之外，可以上網、玩遊戲、看影片的智慧型手機真的是一個非常方便的工具。但是當我們在使用智慧型手機的時候，有沒有留意到基本禮儀呢？使用方式要是稍有不妥，就會造成他人困擾，甚至捲入犯罪之中，這也是智慧型手機的缺點。因此使用之前一定要先確認應該遵守的禮儀喔！

網路用語迷你辭典

接下來要解說一些上網時經常聽到的用語☆

SNS
利用網路進行交流的服務。有的是透過訊息，有的是針對照片投稿，型態豐富，相當多元。

轉發
讓更多人知道某篇文章、某則發言或某個宣傳的行為稱為「轉發」，是 SNS 的常見用語。

APP
下載到智慧型手機裡使用的軟體。有的是遊戲，有的是圖像加工，類型琳瑯滿目，應有盡有！

帳號
利用網路服務時的會員資料，ID 與密碼通常為一組。

上傳
在網路上公開照片或文章的行為稱為「上傳」。有時會直接說「我要傳照片」。

下載
與上傳相反，意指將網路上的照片及音樂保存在自己的手機裡。注意違法的東西可別存進手機喔！

使用智慧型手機的 **7** 大禮儀

1 嚴格遵守使用時間

「玩遊戲及看影片一個小時」、「晚上9點以後就把手機交給家人」等，手機一天的使用時間要事先與家人商量。看手機看到太晚的話不僅傷眼，皮膚還會因為睡眠不足而變差，這些都要小心留意！

因為手機螢幕發出的藍光會讓眼睛感到疲勞。

2 親友在旁時 放下手機

和家人吃飯或是和朋友一起玩的時候，要是有人一直在旁邊看手機，那就違反禮儀了。因為這麼做會讓對方誤以為「跟我在一起是不是不開心？」而傷心難過。

不得不接電話的時候…… ➤ **先告知對方一聲是禮儀**

遇到緊急電話或者需要立刻回電等逼不得已的情況時，接起電話前一定要先告知對方一聲。遇到這種情況，只要向對方說「對不起，我接個電話」、「我先回個電話」就可以了！

rara.04

這樣的照片也 NG!

- 漫畫及雜誌的內頁
- 動畫和電影的場景
- 藝人的照片或畫像
- 某個網頁的擷取畫面
- 拍到陌生人

3 照片不可擅自上傳

可以上傳照片的 SNS 及 APP 雖然不少，但是被拍的人若是沒有同意，絕對不可以擅自上傳照片，因爲這麼做已經侵犯到當事人的「肖像權」！因此在當我們在上傳照片之前，一定要先徵得當事人的同意。

5 走路不當低頭族

當一個邊走路邊看手機的「低頭族」是一件非常危險的事，走路時要是一直盯著手機畫面看的話，非但不會注意到對面來車，有時甚至還會不小心撞到人呢！移動時若是需要用到手機，那就先找一個安全的地方，停下腳步再操作。

4 公共場所要設定靜音

除了電影院及圖書館等需要保持安靜的場所，當我們在公車或電車、商店或餐廳等其他人也會利用的地方時，手機要記得轉到靜音，更不可以在這些地方玩遊戲或大聲聽音樂喔！

只有短短一句話的訊息通常會讓人不知該怎麼回覆。

6 傳訊息前先設身處地為人著想

電子郵件及傳送訊息的 APP 雖然方便，但因為看不見對方的表情，所以發言時必須比平常聊天的時候更加謹慎，要好好確認措辭會不會太失禮，字眼會不會不雅，對方看完之後會不會不知如何答覆等。另外，傳送訊息的時間也要注意不要太晚，才不會打擾到別人的休息時間。

7 不公開個人資料

絕對不可以隨便公開自己的本名或住址等的個人資料。就算沒有公開姓名，別人照樣可以透過居住的縣市、學校的體育服、社團或補習班等資訊鎖定某個人，因此要留意。另外，把自己的私事告訴在網路上認識的人（網友）也是一件非常危險的事，千萬不要這麼做喔！

透露這樣的資訊也很危險喔！

● 離自己最近的車站或路線名稱
● 上學路程的風景或地標
● 家人上班的地方
● 經常光臨的店家名稱
● 附近餐廳的菜單

訂立家規

將家人交辦的家事,以及全家人一起決定的規則等要共同遵守的事情寫在下方,既然已經約法三章,那就要負起責任,好好遵守。

每天要做的家事

要特別幫忙的家事

門禁(回家的時間)

其他規定

深受朋友喜歡

學校生活禮儀

百華，早安！
好期待今天的烹飪實習喔♪

凱琳早安！
（今天的凱琳非常有活力的主動向
人打招呼，感覺真的很棒♥）

很好啊……

嚇到

凱琳小姐，
學校上課還好嗎？

那讓我看看
妳的筆記。

嘖…！

哇啊啊啊！
不行啦！！！

在校生活
言行舉止要體貼體諒

在校生活總是會遇到許多人，例如朋友、老師還有同一個地區生活的人。
只要對周圍的人親切以待，就能讓彼此的生活更舒適開心。

正因爲是衆人聚集之地
所以更要注意禮節！

只要一到學校，就會遇到許多同樣聚
集在這個地方的人，例如朋友或者是
老師。在這種情況之下，遵守禮節及
規定就顯得非常重要了。違反規則對
自己來說或許沒什麼大不了，但對大
多數人而言往往會造成困擾。爲了讓
自己還有身旁的人都能擁有一個開
心的校園生活，體諒別人的態度一定
要牢記在心喔！

要牢記在心的 **3** 大約定 約定**3**

約定 **1** 專注精神，認真上課

上課的時候要專心，不要
和別人聊天，或是做些無
關課業的事，請切記不要
造成別人的困擾。

約定 **2** 人際關係，好好經營

在學校要多和旁人溝通
交流！只要交友範圍越
廣，全新的發現及經驗
就會越豐富。所以先從
打招呼開始吧！

活動氣氛，一起炒熱

大家同心協力，參加運
動會及校外教學等活動
時，氣氛就會更加愉快。
所以要積極參加活動，
留下美好回憶。

查看討喜女孩的校園生活吧！

Start!

8:00　去學校

吃完豐盛的早餐之後，保留充裕的時間上課去吧！上課途中要好好與朋友及鄰居打招呼。利用早上的休息時間動動身體也不錯！

8:45　開始上課

上課鐘響之前先坐好，並把課本拿出來。在等待老師來的期間先打開課本，稍微複習上一堂課的內容也可以。（詳情請翻到第 82 頁）

12:15　吃午餐＆午休

吃完營養午餐後，可以稍微和同學開心聊天！但是可別聊到忘記用餐禮儀（第 30 頁），該注意的還是要注意喔！

13:10　打掃環境

與同組同學一起打掃學校。為了讓大家有個舒適的校園生活，自己使用的教室一定要打掃得乾乾淨淨、亮晶晶喔！

13:30　上課

下午的課往往讓人昏昏欲睡，但還是要集中精神，多舉手發言的話會讓人更有好感。

15:30　下課

到了下課時間就要注意安全，乖乖回家，千萬不要沒有告知家人就和同學聚會。

> 這樣才是完美的校園生活！
> 每間學校的課表都不同，
> 但是能夠這樣度過一天也不錯。

Finish!

專注精神，認真上課

引發求知欲，吸收課程內容

上課是爲了學習長大之後會派上用場的基本知識，所以就算是不太擅長的科目也要認眞聽講，不可以因爲無聊就望著窗外發呆或者是跟同學聊天，這樣不僅會影響到其他同學，進度也會落後。有不懂的地方就要詢問老師，可別無動於衷，毫不在乎，這一點很重要。

不懂的地方請教別人並不丟臉喔！♪

上課前的確認事項！

課堂上用不到或毫無關聯的東西要收起來	課本、筆記本及評量手冊要先準備好	上課之前就座等待
無關課業的書本或小包包等課堂用不到的東西要在上課之前收好。另外在教室裡戴著帽子上課也是不合禮節的行爲！	課本、筆記本及評量手冊先拿出來放在桌上！只要趁休息時間先準備，萬一有東西忘記帶，就能夠及早應對了。	換教室或上廁所的時候動作要快一點，盡量在敲鐘之前就座。要是拖到最後一分鐘才急忙趕著上課，這樣只會離優雅姿態越來越遠喔！

上課時要留意這些事

只要留意這四點，老師說不定會加以讚賞呢！

集中精神在說話者身上

老師說話時要專注看著老師，其他人發言的時候就把注意力轉到對方身上，仔細聽聽看他說了什麼。說話的人一旦發現你正在專心聆聽，一定會很高興！

上課時要抬頭挺胸，坐姿端正

上課時背要伸直，面對正前方。手肘若是撐在桌上，甚至靠在椅背上的話，整個人看起來會非常懶散。

試著提出問題或發表意見

有不懂的地方不妨請教老師，千萬不要置之不理。另外，老師問問題的時候，如果能夠積極發表意見會更好。

有需要就做筆記

除了老師寫在黑板上的東西，其他自己覺得有需要或是之後想要進一步調查的事情就記下來。若是能夠在筆記本裡做個備註欄的話會更方便喔！

場景別！

檢查服裝及儀容

學校每個場合的穿著及儀容都要恰如其分！不管是什麼樣的場合，穿著「整潔衣物」是打扮的基本原則。

瀏海夾整齊，視線更清晰◎

盡量避免大大的丸子頭和華麗的髮飾

用髮夾夾住瀏海，不要讓頭髮掉下來，這樣上課才能集中精神。另外還要盡量避免太大的丸子頭或太高的髮飾，否則坐在後面的人可能會看不到前面。跟上課無關的首飾也不能配戴喔！

富有整潔感的白色配膳服☆

上課時

配膳

穿上配膳服或圍裙，將頭髮塞到帽子裡

穿上配膳服的目的是爲了避免灰塵掉進營養午餐裡，同時自己的衣服也比較不會弄髒。頭髮要塞到帽子裡，以免掉落。另外一定要戴上口罩，以防口沫紛飛！結束之後配膳服要摺整齊，保持乾淨。

稍微鬆一點的辮子頭，感覺像是漫畫家！

美勞課

穿上弄髒也 OK、容易活動的衣服

上美勞課或做實驗的時候，就穿上弄髒也沒關係、容易活動的衣服吧！頭髮比較長的人可以把頭髮綁起來，以免沾上顏料。上課時若不小心弄髒雙手，就趁休息時間洗乾淨，可別放著不管。

不會影響運動的簡潔髮型◎

體育課

穿學校規定的體育服，上衣整個紮進去

上體育課的時候要穿學校的體育服。換體育服時動作要快，盡量不要遲到。另外衣擺露出來的話看起來會非常邋遢，所以要整齊的紮進褲子裡，頭髮也要整個綁起來，這樣運動起來才方便！

不要忘記擦汗

如果不擦汗，身上會發出一股汗臭味！上完體育課之後若是滿身大汗，一定要用毛巾擦乾，使用爽身溼紙巾或止汗噴霧劑也可以。不過有些學校禁止學生帶止汗噴霧劑，所以一定要先確認校規喔！

輕鬆小撇步 2

淺顯易懂的筆記寫法

在學校上課時做的筆記是否井然有序、淺顯易懂呢？

接下來要告訴大家如何做出比現在還要整齊漂亮的筆記喔！

字跡端正是基本！
日期及標題也寫上去

筆記是用來複習上課內容的。複習時要是看不懂自己在寫什麼，那做筆記還有什麼意義呢？做筆記時字跡工整、容易閱讀是基本中的基本！複習時為了讓筆記更容易看懂，上課當天的日期以及課本標題也要寫上去，這樣複習的時候才會得心應手。

每堂課的學習主題，老師通常都會寫在黑板的最上面！

用色筆或螢光筆
標出重點！

這裡是重點

這裡是重點

這裡是重點

老師用不同顏色的粉筆寫下來以及劃線的地方就是重點。因此當我們在做筆記的時候也要跟著換顏色或畫線！像是用色筆在底下畫波浪線、畫框框圈起來，甚至用螢光筆直接在上面畫線都可以。標題的話換支不同顏色的筆來寫等等，只要訂個做筆記的規則就可以了。

原來做筆記有這麼多的學問！以後記得不能亂塗鴉了……（汗）

課本及參考書的頁數也要寫上去

上課的時候課本翻到第幾頁、參考哪一本參考書，做筆記時都要逐一寫在筆記本裡。只要養成這個習慣，小考前複習的時候就能派上用場。除了課本，如果有另外發的講義等其他資料，也可以貼在筆記本裡。

無關課業的內容不寫

上課無聊的時候分心做其他事的心情固然能懂，但是不能因為這樣就在筆記本裡亂畫一些和課業無關的內容！要是分心做別的事，這樣上課就會趕不上進度，而且有些老師還會檢查筆記本，在學習態度這一欄打分數呢！

設計一個備忘欄更方便！

筆記本裡頭若能預留一個空間當作備忘欄會更方便，這樣就可以在這個地方寫下等等要問老師的問題，或想要繼續調查的事，甚至是老師沒有寫在黑板上，但是卻非常有趣的小知識。若是在備忘欄裡寫下要寫的功課，或者是下次上課要帶的東西，就能隨時提醒自己了！

人際關係，好好經營

**校園生活若要開心
就要重視人際關係！**

學校就是一個小型社會，是我們與許多不同的人交流溝通的第一個場域，若能好好珍惜與朋友及老師之間的關係，校園生活一定會更開心。因此我們說話要得體，要注重公共禮儀，好好學習與大家生活時應該要注意的地方！先確認一下溝通時最基本的三句話吧！

與人溝通的 基本句

「你好」

聽到有人跟我們打招呼，大家應該不會覺得不開心吧？這可是打開話題的神奇語句呢！如果妳的個性比較文靜，那就試著面帶微笑向對方打個招呼看看吧！

「謝謝」

向別人借東西或是請別人幫忙時，能立刻向對方道謝是一件非常美好的事。只要將心中謝意化為言語，聽到這句話的人一定會非常開心，綻放笑容喔！

「對不起」

就算不是故意的，只要讓人覺得難過，就要立刻向對方說聲抱歉。而且道歉的時機要趁早，這樣對方才能感受到妳的誠意。

打招呼要充滿朝氣有活力

心情愉快的打招呼，開啟美好的一天

我們每天與人交流的第一句話就是打招呼。但聲音要是太小，反而會讓人擔心「妳怎麼了？發生什麼事了？」反過來說，打招呼時聲音宏亮，相信對方聽了之後心情一定會非常好。所以打招呼時要記得面帶笑容，讓對方跟著我們開心起來。

> 打招呼時神采奕奕的小學生，會有讓人想要圍繞在她身旁的魔力喔！

應用篇

世界各國的『謝謝』

利用「謝謝」表達心中謝意是各國的共同禮儀。
要是能用各國語言說謝謝，大家一定會覺得妳很帥氣喔！

Thank you	Merci	Gracias	謝謝
（英語）	（法語）	（西班牙語）	（中文）

Спасибо	Grazie	감사합니다	Obrigada
（俄語）	（義大利語）	（韓語）	（葡萄牙語）

（簡易拼音發聲 spasiba）　　　　　（簡易拼音發聲 gam sa ham nida）

編注：部分外語列出簡易拼音發聲，提供讀者參考。

使用恰當的措辭

用字遣詞要適時適地！

大家對老師及長輩說話時用字遣詞是否恰當呢？可不能像和朋友聊天那樣沒大沒小，滿口時下的流行語喔！對長輩說話要是沒大沒小，對方就會覺得我們是一個不懂得禮貌的人。因此我們要學習禮貌的措辭，並且根據對象及場合來使用恰當的語句。

 朋友

流行語
點到為止

朋友之間聊天時難免會加入一些流行語，讓氣氛更加熱絡。大家若是知道意思就還好，就怕有人沒聽過這些流行語而無法融入話題，因此在說流行語時點到為止就好喔！

老師

說話時
要用尊敬語

向老師、鄰居及周遭大人等長輩說話時，最恰當的字眼就是尊敬語。關於尊敬語，下一頁會有詳細說明。

 學長姐

就算交情好
也要有禮貌

就算對方是交情非常好的學長學姐，還是要有基本禮儀。除了打招呼，還要根據時間與場合向對方說尊敬語，敬老尊賢的態度絕對不可以忘記。

上了國中之後，就算對方是交情不錯的學長學姐，說話還是要有禮貌♪

掌握尊敬語的正確說法

什麼是尊敬語？

對長輩及照顧我們的人說話時，表達敬意的詞彙稱為尊敬語。尊敬語分為「禮貌語」、「尊敬語」及「謙遜語」。只要正確使用尊敬語。對方就會覺得我們是一個「穩重的孩子」，身旁的大人也會更加信賴我們喔！

禮貌語與尊敬語這兩種可以在唸小學的時候學會如何使用。

禮貌語

顧名思義，就是用字遣詞比較有禮貌的說話方式。對話中經常使用「請」、「謝謝」、「不好意思」、「對不起」，就能給對方留下有禮貌、有氣質的印象。

尊敬語

針對對方的言行舉止表達敬意的措辭。例如「吃」的時候我們會說「請慢用」，「來」的時候我們會說「大駕光臨」。凡是與長者有關的行為用尊敬語來表達是說話的基本原則。

謙遜語

也就是表達謙遜的說法。比如自己的學校稱為「敝校」，自己的家稱為「寒舍」，對外稱呼自己的孩子為小兒、小女。這樣的用語也是為了表現尊重對方地位的意思。

試試看吧！
學習跟老師說尊敬語

老師早！
昨天自然課的習題我完全不懂，
可不可以教我呀……
你中午在教師室嗎？我可以去找你嗎？

用更有禮貌的說法時……

老師，您好。
昨天的自然課習題我有幾個地方不太懂，
想要請您教教我。
請問老師午休時間在教師室嗎？
我可以去打擾您一下嗎？

表現尊敬的建議用法！

「說」→「告知」　　　　　「看」→「瀏覽」

「讀」→「閱讀」　　　　　「去做」→「履行」

「吃飯」→「用膳」　　　　「講話」→「進行對談」

「給」→「贈予」　　　　　「問」→「請問」

column 如何進入教師辦公室

1 敲 3 次門 是基本禮貌

在進教師辦公室之前要先敲 3 次門。敲完之後吸口氣再進去可減少緊張感。另外告訴大家，廁所門的話則敲兩次就可以了。

2 報上班級及姓名 說明來意

大聲說「報告」，打開門之後先報上自己的年級、班級及姓名，之後再告知來意，例如「我來拿鑰匙」等等。說話時口齒要清晰，讓對方一聽就明白。

3 結束之後 敬禮再離開

事情處理好之後就盡速離開！走出教師辦公室之前要先轉頭敬禮，關門時力道要小，不要太大聲，這樣就能在老師心中留下好印象。

共用物品要珍惜

學校的備品及圖書館的書不是自己的東西

學校裡有很多大家一起共用的東西，例如清掃工具、實驗器具、體育館的球、腳踏車，圖書館的書等。使用這些公共物品時，一定要比使用自己的東西更加小心謹慎，而且使用時要按照先後順序，遵守規則，歸還時要考量到下一位使用者，不可以亂放喔！

一定要物歸原處，這樣下一個要用的人才不會找不到！

借用公共物品時的注意事項

好好確認使用規則！

遵守規則是使用公共物品的大前提，絕對不可拿來做危險的事。特別是當我們在打球或玩遊具的時候，在旁邊看的低年級小朋友通常會有樣學樣，要多加留意。

借用期間愛惜物品

書本、樂器及其他教材等借來的東西一定要好好珍惜。學校大多數的備品價格通常都不便宜，要是弄壞那就糟糕了！所以當我們在使用的時候一定要比平常更加小心。

遵守期限不可逾期

借來的東西一定要在期限內歸還。若是逾期不還，就會影響到下一個要借用的人。既然這是要讓更多人使用的東西，我們就要好好遵守規則，這點很重要。

向朋友借東西的時候……

要盡速歸還

借來的東西一定要盡早歸還。如果書本或遊戲這類會借用一段時間的東西，一定要先向物主確認「借到〇號可以嗎」、「還可以再借我一次嗎」。

把東西借出去的人通常會不好意思要對方「早一點還」，因此當我們向別人借東西時一定要再三確認歸還期限。

消耗品要節省使用

向別人借筆、糨糊或膠帶時有個地方要注意，那就是不要用太多。若是不小心整個用完可別毫不在乎，一定要買個一模一樣的東西還給對方。

歸還物品時的貼心動作及小巧思

東西若是借了一段時間，歸還時可以用袋子裝起來，並且附上謝卡，甚至寫封信表達感謝之情，可別就這樣直接還給對方。

活動氣氛，一起炒熱

大家同心協力，讓生活樂無窮！

不管是運動會、音樂會或校外教學，學校舉辦的活動真的很充實！這樣的校園活動，大家都是怎麼參加的呢？有些人對於喜歡的活動非常熱心，可是一遇到不太擅長的活動就會非常消極，不太想參加。其實就算是不太擅長的活動，也一定會有自己做得到的事，例如幫忙準備、打掃、為朋友加油等等。總之，先讓我們找到自己能做的事吧！

雖然我運動不太行，但是準備啦啦隊的加油工具沒問題喔！

合作

要做些什麼？

互相幫忙

看見有人遇到困難就幫他一把，有大型物品時就大家一起搬。互助合作是一件非常重要的事。因此當我們無法獨力完成時，不妨試著拜託旁人幫忙。

提出點子

說出自己的想法也算是一種合作方式，因此當大家在討論時一定要積極發表意見。另外，自己也要尊重意見不同的人提出的想法及心情。

擁有團隊意識

在班上、團隊及委員會中，要意識到自己是這個團體的一分子。看到夥伴正在努力時一定要全力支援，互相鼓勵，千萬不要因為失敗或錯誤而責怪對方。

輕鬆小撇步 **3**

炒熱校園活動氣氛的技巧

接下來要告訴大家讓活動更有樂趣的實用點子及熱絡氣氛的訣竅！

如此一來，和朋友之間的感情一定會更加融洽。

場景 **1** 校外教學

能一整天和同學黏在一起的校外教學是小學生非常喜歡的活動。晚上有不少時間可以和同房的朋友聊天，是增進友誼的大好機會！不妨利用心理測驗多了解一下朋友。

心理測驗範例

測驗❶

你正準備去上學，但在前往學校的途中卻突然有人從上面潑水下來！雖然逃過一劫，但身體還是有些地方溼掉了……你覺得溼掉的地方是哪裡？

答案 溼掉的地方說不定是全身上下，讓你感到最有自信的部位喔！

測驗❷

你們家附近有間天天大排長龍的知名蛋糕店，他們的招牌商品起司蛋糕一天限量 30 個。一大早就去排隊的你，排了好幾個小時終於買到了。請用一句話來描述你現在的心情。

答案 這是喜歡的人向妳告白時所說的話喔！

場景 2 運動會

校園盛事排名第一的活動！這是與組員拉近距離的大好機會。趁這個時候利用運動會不可或缺的頭帶，挑戰可愛的頭飾綁法會很不錯。只要和朋友綁出一樣的蝴蝶結，團結的氣勢說不定就會更高昂。不過學校對於綁法如果有規定，那就要按照規則喔！

可愛的頭帶綁法

1

和綁髮帶一樣，先將頭帶繞到後腦勺。頭髮比較長的人可以先綁起來，這樣頭帶會比較好綁。

2

繞到耳朵後方時先在頭頂上打一個結。這個時候要注意，頭帶不可以太鬆喔！

3

直接在頭上打個蝴蝶結，營造出髮箍風格。蝴蝶結的位置稍微偏旁邊會更可愛喔！

除此之外……

還可以手作彩球喔！

建議大家利用塑膠繩或亮絲彩帶製作出獨一無二的彩球！這樣不僅感覺跟啦啦隊一樣可愛，每個隊友都用同樣的東西為比賽者加油的話，整個隊伍就會更團結。

場景 3 合唱比賽

每個班級選一首歌曲，齊聲高唱的合唱比賽是贏得好成績的關鍵，在於眾人是否團結一致。所以事前要積極練唱，不讓比賽留下任何遺憾！接下來告訴大家一些讓歌聲更加美妙的合唱技巧吧！

唱出美聲的訣竅

試著採取腹式呼吸

吸氣讓腹部凸出來，吐氣讓腹部凹下去，這就是「腹式呼吸法」。合唱時只要採用腹式呼吸法，讓丹田更有力量，這樣歌聲就會更響亮。

肩膀自然放鬆手臂下垂

肩膀自然放鬆也是一件非常重要的事，因為全身肌肉要是過於緊繃，聲音就會不容易發出，所以建議大家唱歌前先稍微做個伸展操，放鬆心情，唱歌時也別忘記抬頭挺胸。

嘴巴張開成 O 型讓聲音傳得更遠

唱歌時嘴巴只要張成O型，歌聲就會更嘹亮。唱歌時盡量看著遠方的牆壁，發聲時在心中想像著要讓聲音撞到那面牆，這樣歌聲就能直接傳到在遠處的聽眾耳邊了。

～ 除此之外…… ～

運用護身符及幸運繩手環提高向心力

若能製作一樣的護身符或幸運繩手環，這樣全班就會擁有共識，「合唱比賽一定要奪下冠軍！」只要眾人齊心，合唱時一定會更有默契。

場景 4 遠足＆外宿學習

不管是遠足及校外教學這類要稍微出遠門的活動，或是參加夏令營等外宿學習，參加這類活動時只要準備一些有趣的遊戲，氣氛就會更熱絡。接下來要介紹幾個能讓大家樂在其中的餘興節目♪

大哉 20 問

～ 準備 ～

一開始先猜拳，決定好出題者之後再請對方將題目（也就是遊戲的答案）寫在紙上。盡量選擇大家都知道的東西當作題目♪

～ 玩法 ～

1. 在猜出題者寫下的答案時最多只能問 20 個問題。猜謎的人問問題時，出題者只能回答「是」或「不是」（例如：那個是吃的嗎？比這間教室還要大嗎？）

2. 輪到自己問問題時，若是已經知道答案，那就直接問出題者「是○○嗎？」猜對的話猜謎者獲勝，猜錯的話就要淘汰。

3. 連續問了 20 個問題之後，大家逐一宣布猜想的答案。要是沒有人答對，那就是出題者獲勝。

心有靈犀一點通

～ 準備 ～

發給所有人紙筆之後，猜拳決定頭家！記得準備一個計時器或手錶。

～ 玩法 ～

1. 頭家先決定會讓大家聯想到很多東西的題目，例如「吃的東西」、「學校裡的東西」。

2. 所有人根據題目在限時一分鐘內將聯想到的東西寫在紙上，想到幾個就寫幾個。

3. 從頭家旁邊的人開始依序念出自己寫下的答案，其他人如果也寫出一樣的答案就舉手。念出答案的人所得到的分數就是舉手的人數，若是沒有人的答案和自己一樣，那就是 0 分。

4. 大家輪流擔任頭家，得分合計最高的人就是贏家！

畢業典禮‧分班

畢業典禮或分班的時候氣氛總是格外沉重，因爲必須和相處許久的同學分開。因爲是最後的相處機會，若能面帶笑容到最後一刻，對方應該也會非常欣慰。接下來就介紹一些可以創造美好回憶的點子吧♪

最後就讓我們帶著笑容
祝福彼此，順利啟程！

黑板塗鴉

大家可以試著挑戰黑板手繪藝術，或者直接在上面塗鴉。在熟悉的黑板上寫下想說的話，讓彼此心中留下美好的回憶。寫下感謝的心情，給老師一個驚喜也不錯。

交換祝福

可以請同學在畢業紀念冊或筆記本寫下祝福的話喔！寫在紀念冊上比較好保管，過幾年後再打開來看的話，心中一定會懷念不已的。

準備及功課要提前完成！

前一天從容不迫的準備隔天要用的東西

隔天要準備的東西前一天晚上就把它準備好吧！只要提前準備好，就算東西有缺，也不用擔心沒有時間去買。除了上課前一天，外出時要帶的包包及要穿的衣服若能事先準備，出門的時候也會比較安心。

睡前先檢查這幾項吧！

◇ 功課全部寫好了嗎？

◇ 隔天的課表看了嗎？

◇ 會用到的課本已經收到書包裡了嗎？

◇ 運動服及配膳服有帶嗎？

◇ 隔天要穿的衣服準備好了嗎？

◇ 鬧鐘設定了嗎？

口風琴、圖書館的書這些體積較大、無法放到書包裡的東西可以先放在玄關，這樣就不會忘記了。

LESSON 3

出門在外言行舉止也要優雅

外出禮儀

> 這個星期六我們三個
> 去看電影好不好？

> 電影嗎！
> 要去要去！

> 那我們在車站前
> 碰面吧！

三個一起去看電影
真是令人期待～♡

啦啦♪

啦啦

凱琳小姐……
妳可以嗎？

妳們約的那個車站
好像有點遠耶……

不管是捷運還是公車
妳從未一個人搭過
不是嗎？

放心啦，
我會先查好路線的！

妳確定……

好！
先到車站吧！

結果我擔心到
在後面跟蹤……

偷偷摸摸

外出時勿忘
遵守規則及禮儀

除了交通規則，出門的時候還有一些重要的地方要遵守。
本單元為大家解說外出時該注意的地方。

採取行動時要想到旁人

我們應該會常常和家人或朋友外出逛街、去餐廳、電影院，或是圖書館吧。這個時候大家是否會注意到禮節呢？像是在安靜的地方降低說話的音量，或是人多的時候盡量不要讓手上的東西擋到別人的路，有人需要幫助時就伸出援手等，懂得體貼他人的孩子，旁人一定會讚不絕口喔！

外出前，要告訴家人去處

外出的時候一定要告訴家人去處，就算來不及事前告知，也要留張紙條，寫下目的地。只要在紙條裡寫下妳要「跟誰」、「去哪裡」、「幾點回來」，家人也會比較安心！

我跟曉琪
去公園，
5點會回家。

約定11

好好遵守交通規則！

瞭解交通規則，安全出門去

「走路靠右」、「不闖紅燈」等都是法律制訂的規則。當我們走在路上時一定要遵守這樣的規則，注意安全，才能避免發生意外！另外，走在路上的時候也要留意道路交通標誌。道路交通標誌是經過這條道路時應該要注意的地方以及需要遵守的規則。只要了解這些標誌所代表的含義，外出就會更安全。

認 識 交 通 道 路 標 誌

行人及腳踏車專用

車道遵行方向
（僅准左轉）

禁止停車

禁止行人通行

讓路標誌

當心兒童

停車再開

都是一些有印象的道路標誌耶！原來是這個意思啊！

資料來源：交通部

複習基本
交通規則！

規則1　行人一律靠右走

日本的道路交通法規定是「行人靠右走，車子靠左行」，因此走在沒有人行道的道路上時一定要靠右，但是左邊要是有人行道的話，靠左走也可以。

在臺灣車子則是「靠右側行駛」，行人也通常是靠右走。不過法律並沒有硬性規定一定要靠右，甚至現在也有討論「面對來車」走更安全，也就是靠左走。可以清楚看見對面來車，有狀況時也較能立即閃躲。

規則2　不慌不忙過馬路

過馬路時，綠燈若是開始閃，很多人都不知道要怎麼處理。法律有規定，綠燈開始閃的話就不可以過馬路，絕對不能因為等不及而開始跑，一定要保留一點時間慢慢過馬路。

過馬路時若是沒有紅綠燈…

過馬路之前手先舉起來，這樣開車的駕駛就會知道妳「要準備過馬路」了。車子停下來時用眼神向駕駛打聲招呼，最後若能點頭道謝的話那就更完美了。

規則3

人多時，不要並排走

和朋友外出或是下課的時候盡量不要並排同行，一群人要是把路擋住就會造成其他行人困擾。邊走邊和朋友聊天的時候總是會開心到忘記這一點，因此要偶而回頭看看自己有沒有擋到別人的路喔！

這樣走路很危險喔

- 走路低頭看手機
- 手插在口袋裡走路
- 邊看書邊走路
- 邊吃東西邊走路
- 走在路肩上
- 站在道路正中央
- 坐在路邊

隨身攜帶防身警報器

除了上下課，外出的時候也要隨身攜帶防身警報器，因為我們不知道會在何時何地遇到可疑人物。可以的話最好準備兩個，一個掛在書包上在學校使用，一個掛在背包上供外出使用。

遵守交通規則
安全騎自行車

靠右通行，禮讓行人

臺灣法規將自行車歸類為「慢車」，必須在慢車道上靠右行駛。在未劃設慢車道的道路上，就要靠右路邊行駛，或者騎在路面邊線以外。現在有很多地段有「自行車專用道」，讓行人跟自行車不搶道。為了安全，騎自行車時一定要戴上安全帽。

※ 補充說明：臺灣現在很多路段設有「自行車專用道」。

騎自行車前的檢查項目

☐ **輪胎有沒有充飽氣？**

輪胎沒有氣，自行車就會不好騎，同時也非常容易發生意外。因此騎車前一定要好好檢查輪胎是否有氣喔！

☐ **車燈會不會亮？**

暗路騎車不點燈會違反交通規則，因此要定期檢查車燈會不會亮。

☐ **單車龍頭有沒有歪？**

騎自行車時龍頭不正會很危險，所以輪胎筆直朝前時，一定要順便確認龍頭正不正喔。

☐ **自行車有做實名自主登錄了嗎？**

自行車如果有做實名自主登錄，萬一被偷，找回來的機率就會比較高。

☐ **煞車是否靈光？**

重點在於能不能煞住車。煞車的時候如果發出「嘰嘰」的刺耳聲，那就要好好檢查了。

日本有些地區把「自行車保險」視為強制險，車主有投保義務，這樣在意外發生時才能理賠。這一點記得和家人確認喔。

危險場所要注意！

我們有時會不小心被附近發生的車禍或意外所波及。
若要降低遇到意外的風險，那就要事先知道鄰近的危險場所。

人煙稀少的街道

四周都是高牆的街道或者是暗路小巷等人煙稀少的地方，有時會躲著可疑人物，所以走路時要盡量挑選光線明亮、視線遼闊的地方。

鐵軌或平交道附近

絕對不可以跑到鐵軌上，萬一發生意外動彈不得，這樣反而更危險。因此在過平交道時一定要迅速通過，絕對不可以在鐵軌或平交道附近嬉戲喔！

空大樓與空屋

沒有人住的大樓或者是房子未經許可是不可以擅自跑進去的。因為老舊的建築物可能會隨時倒塌，萬一壞人跟在後面的話那更是求救無門，所以大家千萬不要隨便靠近空屋喔！

停車場

在停車場玩耍是一件非常危險的事，車子隨時都有可能行駛，有時可疑人物甚至會躲在陰暗處伺機行動。不僅如此，玩球時不小心打到車子，甚至把車子刮傷，情況就會一發不可收拾，所以還是到別處玩比較保險。

河川附近

玩水時只有小朋友在是一件非常危險的事。就算沒有跑進河裡，河水也會因為水庫洩洪而暴增，如此一來原本是陸地的地方就有可能會氾濫。因此去河邊玩水時一定要和家人一起去喔！

公共廁所

公園等地的廁所有時也會潛藏危險。在現實生活中曾經發生壞人躲在廁所裡強行把人擄走的事件，所以絕對不可以一個人單獨去上廁所，一定要找人陪同喔！

垃圾太多或到處都是塗鴉的地方

滿地垃圾或者是滿牆塗鴉等到處都是違反規則的地方通常都人煙稀少。像這種不太會有人注意的地方往往容易發生犯罪行為，所以一定要盡量避免到這些地方喔！

搭乘捷運或公車
言行舉止要恰當

禮讓座位給需要的人

搭乘捷運或公車時若是看到老人家、孕婦或受傷的人，就主動把座位讓給他們吧！這個時候只要說「這個位置給你坐」就可以了。只要是自己能力所及的事，就試著去做看看吧！

搭乘捷運及公車的模擬場景

先購買車票

搭乘捷運時要先購買到目的地的車票。如果有悠遊卡之類的 IC 卡會更方便。

搭公車則是上下車時刷悠遊卡♪

排隊等上車

搭乘公車時要排隊。在月台上等車時要遵守搭乘禮儀，門前一定要留個空間，好讓下車的乘客順利下車。

留意隨身的行李
不要影響旁人

搭車時手上的行李及包包要放在腳上或者是置物架上，好讓更多人都有位子坐。站的時候要注意背包及手上的購物袋是否會碰到別人。揹在後面的背包若是太大，那就直接揹在前面，這樣就不用擔心會撞到別人，而且還能預防扒手呢！

站在車門旁時要多加留意，可別擋到上下車的乘客喔！

下車前先按鈴

捷運若是到站，車門都會自動打開，乘客若是太多，那就喊聲「抱歉，借過」。如果是搭乘公車，下車前要記得先按「下車鈴」，這樣司機就會知道「下一站有人要下車」了。

這裡要注意！

留意搭車時的飲食規定

坐車時不可在車內飲食，有販售便當的高鐵或臺鐵另當別論，但是平常搭乘的捷運及公車其實是禁止飲食的。若有需要喝水，那就向站務人員尋求協助。

約定2 多加體貼身旁的人

注重禮儀就是體諒對方

除了裝扮與措辭，設身處地為他人著想也是成為好女孩的必要條件喔！特別是出門在外一定要一邊考量他人，一邊行動。遇到朋友時若能神采奕奕的打聲招呼那就更好了！

有禮貌就等於善解人意。所以不管做什麼，都要懂得設身處地，為他人著想喔！

出門在外
要注意的地方

出門時間要充裕

與朋友有約或是看電影的時候，既然時間已經確定了，移動時就要多預留一些時間，盡量不要太過匆忙，免得在路上受傷或發生意外。

待人一定要有禮

不管對方是店員、鄰居還是站務人員，遇到人一定要以禮相對。只要說話彬彬有禮，就能在對方心中留下好印象♡

他人有難要幫忙

看到長輩、帶著寶寶的人或是身障者可以主動詢問對方是否需要幫忙。要是自己做不到，那就請求旁人協助。

牢記在心

公共場所的禮儀

圖書館　在館內要保持安靜！確認還書期限及規則

不要在圖書館裡聊天或飲食。保持安靜，不打擾正在看書的人是圖書館的基本禮儀。借閱的書也要小心愛護，並且在期限內歸還。

使用公共閱覽區時……

自習區的座位及電腦區要按照先後順序使用，不可以長時間霸占位子，東西更不可以四處亂放。

電影院　看電影時手機要先關掉電源

手機和遊戲機等會發出聲音的機器一定要關掉電源。除了聲音，畫面發出的光也會影響他人！看電影時盡量不要踢到前方的椅子。

公園　遊具與板凳互相禮讓

先確認有沒有其他人也想要玩同一個遊具。若是有小小朋友想玩，那就面帶笑容禮讓，這樣才是一個懂事的小姐姐♪

這些東西別忘記帶走

- 脫下來的上衣
- 跳繩與球
- 遊戲機
- 果汁及零食的垃圾

美術館　不要觸摸作品靜靜觀賞

美術館是欣賞藝術作品的地方，所以不可以大聲嚷嚷或在館內奔跑。另外，這些藝術作品也不可以隨便亂摸，看的時候在指定的區域觀賞就好。

美術館通常禁止拍照，要多留意喔！

開心逛街

要遵守禮儀

商品要小心拿取

商品若是還沒購買，絕對不可以粗魯的拿起或隨便開封。要是不慎弄髒或弄壞，那就要賠償店家喔！

商品還沒結帳就不算是自己的東西，一定要小心拿。

試穿衣服時要先告知店員

使用試穿間時記得先和店員說一聲。有些店家規定不可以一次試穿太多件，因此帶進試穿間的衣服頂多一兩件，並且先徵得店員許可。

這裡要注意！

身上的汗及

臉上的妝要小心

試穿的時候小心不要讓汗水或妝沾到衣服。店家若有準備套頭的面罩，可以拿起來使用。

挑選好物品後，到櫃臺結帳

結帳時要按照先後順序排隊喔！對待店員也要彬彬有禮，這樣才是一個值得讚許的好孩子。結完帳，東西拿走之後，要記得面帶笑容謝謝對方喔！

面帶微笑的小女孩人見人愛喔！

試著請店員幫忙包裝

買來的東西若是想要送人，結帳時不妨試著拜託店員幫忙包裝。有些店家可以免費為顧客把禮物包裝得非常可愛喔♥

逛完街之後
要注意自己的東西

當手上的大提袋因為買了衣服或大衣而越來越多時，那就把東西全部整理成一袋。這樣不僅比較好拿，也不會影響到他人。尤其是在狹小的店面或人潮擁擠的地方時都要特別小心，盡量不要讓手上的東西撞到商品或旁人，另外，在餐廳裡或捷運上時，千萬不要把手上的東西拿來占位子喔！

在外用餐
要輕聲優雅！

要讓對方喜歡與妳共餐

與親朋好友吃飯時，要是聽到對方說「下次有機會再一起吃飯」的話，心裡一定會很開心吧！若要讓餐廳的人歡迎我們「再次光臨」，那就要牢記第 30 頁解說的餐桌禮儀，津津有味的享受美食喔！除此之外，言行舉止也要配合餐廳的氣氛與風格，這點也很重要。

吃西式自助餐時……

吃多少就夾多少，熱食與冷食分盤裝更好。站在美食前面不要猶豫太久，免得造成其他人困擾。

在速食店吃東西時……

大多數的速食店用完餐後，通常都會要求客人自己收拾垃圾及拖盤。所以離席時一定要把座位整理乾淨，方便下一個人使用。

按料理分類！各種食物的用餐禮儀

接下來要按照料理，告訴大家如何讓吃相更秀氣！只要記住這些細節，到餐廳享受美食就不會不知所措了♥

蕎麥麵、拉麵

日本人認爲吃麵時發出啾嚕嚕的聲音代表這碗麵很香，但是這樣舉動在其他國家卻會顯得非常沒有禮貌，有時甚至會惹人厭，所以吃麵的時候盡量不要發出聲音。

麵包

麵包撕成一口大小再放進嘴裡，不要直接啃咬。如果是土司，塗上果醬或奶油之後直接吃就好，不需撕成小塊。

義大利麵

吃義大利麵時通常會把麵條挪到盤緣，用叉子把麵捲起來吃，並不會用到湯匙。每一口適量的麵條大約2～3根。吃麵的時候不要用吸的，或者發出聲音。

握壽司

吃握壽司的時候一口一個。醬油沾在魚肉上，這樣吃的時候醋飯才不會散開，味道也會更可口。如果是迴轉壽司，吃完後切記盤子別再放回去。

鬆餅及奶油蛋糕

吃的時候要先切成一口大小。有餐刀的話，刀叉並用看起來動作會更優雅。蛋糕若是不穩，倒放在盤子上也可以。

這樣和朋友去吃飯或者讓人家請客的時候就不用擔心失禮了。

餐桌禮儀的
基本檢查項目

記住基本餐桌禮儀

第 30 頁曾經提到，餐桌禮儀是爲了讓「在場的所有人都能享受美食，擁有一段快樂時光」而制訂的。在家吃飯的時候只要注意餐桌禮儀，在外用餐就不用擔心。接下來要爲大家解說餐廳的一些用餐禮儀。

要從椅子左邊就座

在國際禮儀當中，右側算是上位。因此就座的時候要從屬於下位的左側入席，坐的時候與桌子距離一個拳頭。另外，餐廳的服務生若是幫我們拉開椅子，可別忘記說聲謝謝。

餐巾對摺放在腿上

餐點送來時服務生若是出聲提醒，那就將餐巾對摺，放在腿上，將對摺處朝向自己，擦嘴時要用餐巾對摺處的背面，這樣就不會讓別人看到有髒汙的那一面了。

※ 國際禮儀是指世界標準的公開禮儀。不管是日本天皇還是世界各國首領，所有的言行舉止都會遵照國際禮儀的規定來進行。

餐具從外側開始拿
是基本原則！

餐具指的是刀叉。用餐的時候左手拿叉子，右手拿刀子。餐廳通常會將用得到的餐具排放在左右兩側，使用時要依序從最外側開始拿取。

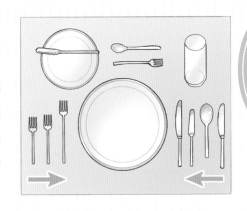

※ 左撇子者刀叉可以左右反過來拿。

舉止看起來更優雅的高階技巧

喝湯時由內朝外舀起

喝湯時從內往外舀食。喝的時候湯匙前端放在嘴邊，嘴型呈「O」狀，這樣動作才優雅。喝完之後湯匙要放在底盤，不可直接放在湯盤裡。

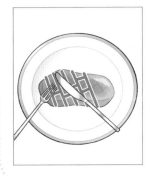

吃牛排時切成適口大小

無法一口吃完的食物先用刀叉分切再送進嘴裡。用刀叉分切食物時要注意，盡量不要發出聲音。吃麵包的時候也是一樣，盡量撕成一口大小之後，再放進嘴裡。

盤子不端起是西餐禮儀

吃西餐的時候不可以把盤子端起來，這一點和吃中餐或日式料理不一樣，因此吃西餐時手要放在桌上。如果是像插圖這種有把手的湯杯則直接拿起來飲用。

用餐速度要配合旁人

如果是按照順序上菜的套餐，那麼下一道菜就要等到所有人都吃完才會上，因此用餐時一定要配合旁人的速度。反過來說，要是有人兩三口就把餐點吃完的話，這樣反而是在催促對方吃快一點，所以用餐的速度一定要好好拿捏。

逼不得已起身離座時……

只要一開始用餐，在點好餐後飲料之前最好不要離席。若是不得不暫時離開座位，那就將腿上的餐巾放在椅子上。這麼做代表「暫時離席，稍後回來」。

用完餐後餐具放整齊

餐點用完之後刀叉要整齊斜放在餐盤邊緣，代表「用餐完畢」。擺放時刀口記得要朝向自己喔！至於餐巾不需要摺整齊，只要簡單摺好放在餐桌上就可以了。

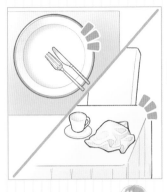

> 擺放餐具時，英式是直放（6 點半方向），法式是橫放（3 點 15 分方向），至於日本則大多斜放（4 點 20 分方向）。餐點若是還沒用完，刀叉呈「八」字擺放即可。

這裡要注意！

餐桌禮儀的意外陷阱

東西掉了不需自己撿

用餐時不慎掉在地上的刀叉不需要自己撿，直接請服務生拿新的過來就可以了。另外，東西掉落時聲音若是太大，要記得先向旁人說聲抱歉。身爲一個討人喜歡的女孩，通常都會處變不驚，優雅以對喔！

「擦手巾」不可擦桌子或嘴巴

擦手巾是用來擦手的。擦嘴要用餐巾，桌子若是不小心弄髒，那就請服務生整理。有問題時餐廳的服務生通常都會馬上過來。對方若是沒有發現，那就用眼神暗示，千萬不要大喊大叫。

配合目的挑選服裝

服裝打扮
要配合時間、地點及目的

大家外出的時候都會怎麼打扮呢？配合目的挑選服裝是一件非常重要的事。例如到戶外時要挑件好活動的衣服，逛街時就選件時下流行的服裝。這一節要為大家介紹決定打扮的幾個重點。有些派對以及餐廳會有一些「服裝規定」，所以出門前一定要先確認喔！

什麼是「服裝規定」？

為了讓在場的所有人擁有一段愉快時光，餐廳或派對的主辦人有時候會針對服裝訂下一些規定。像是在家舉辦派對時，若是規定參加者必須「配戴一件粉紅色的東西」，這樣打扮起來說不定會更有趣♪

這些場合要注意服裝

婚禮	喪禮	餐廳
參加慶祝的婚禮時，不妨穿著款式華麗的禮服或洋裝出席。白色是新娘婚紗專屬的顏色，盡量不要穿。	身穿黑色喪服或黑色西裝，如果都沒有，那就選擇以黑色為底、款式樸素的服裝以示敬重。	到正式的餐廳用餐時要穿上洋裝，打扮盡量整齊清潔、高雅大方。攜帶的皮包若是小巧，可以直接放在椅背上。

衣服
可以這麼搭配♪

和朋友去圖書館看書

目的

「如果要長時間待在那裡看書，那就要挑選寬鬆舒適的衣服」，總之打扮的時候請先想想看要怎麼穿才會符合外出的目的。

天氣・氣溫

留意當天的天氣及氣溫。若是氣象預報下午會變冷，那就帶件上衣注意保暖，這樣就不用擔心著涼了！

季節

搭配季節穿著也不錯，但是不要在寒冬挑選薄薄的襯衫，更不要在炎熱夏天選擇毛衣，這樣反而會讓人覺得裝扮格格不入，不合時節喔！

一起看書的同伴

跟誰去這點很重要。是朋友、喜歡的人還是比自己大的人？對方身分不同，衣著的打扮也會跟著改變。

包包裡頭……

筆記用品＋手帕和面紙是必備物品。遇到緊急狀況可以派上用場的OK繃也可以準備2、3片。

125

裝扮與髮型

場景 1 與家人&親戚一起BBQ

添加一些小配件也不錯！

打扮可以休閒隨性

頭髮造型

① 抓起一邊少許頭髮綁起來。髮圈繞到最後一圈時頭髮不要穿過去，直接綁成丸子頭，並把頭髮整理好★

② 剩下的頭髮用捲髮器朝外捲起，使用時要小心，千萬不要被燙傷。丸子頭旁夾上髮夾裝飾會更可愛喔！

Point

寬鬆洋裝可以搭配丹寧褲來展現帥氣。背包選擇側背包，活動起來會更方便！隨性綁起的丸子頭被風吹亂也沒關係，稍微整理就可以了。若能夾上髮夾裝飾，會更有流行感。

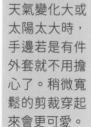

天氣變化大或太陽太大時，手邊若是有件外套就不用擔心了。稍微寬鬆的剪裁穿起來會更可愛。

型錄

接下來要介紹各種外出場景適合的打扮與髮裝。
值得推薦的配件也會列出來，提供大家參考。

場景 2 與朋友一起逛街

不管是裙子還是褲子都百搭的白色襯衫添加了蕾絲邊設計，女孩氣息就會倍增。

罩衫 × 貝雷帽
展現無比可愛的造型 ♡

Point

造型蓬鬆可愛的罩衫可以搭配貼身的裙子，讓整體感覺更加協調。挑個款式簡單的背包再加上一條披肩，整個人就會變得更加亮眼。裝飾品以及小東西可別忘記加上去喔！

頭髮造型

❶ 在耳邊抓起一把頭髮，每隔 3 至 4cm 就綁一個彩色橡皮筋。挑選的顏色要豐富一點喔♪

❷ 另外一邊比照相同方式綁好之後，在綁繩處拉出一些頭髮，製造蓬鬆的感覺，這樣造型會更可愛♥

吊帶裙是主角♡

活動方便、款式可愛的

吊帶裙是一款非常棒的單品服飾，有了它就能多變打扮。可以很休閒，也可以很淑女。

Point

丹寧吊帶裙若是搭配秀麗的罩衫，就能穿出呆萌可愛的氣氛。而可以裝下不少東西的大提袋更是實用方便。把綁好的辮子當作髮帶繞過頭頂的話，絕對能營造出乖寶寶的形象！

頭髮造型

① 抓一束耳邊的頭髮，綁成辮子。要整個綁到髮梢，等等才好做成髮箍。

② 將1綁好的辮子拉到另外一邊，再用髮夾固定在耳後。

③ 另外一邊按照1～2的順序綁成辮子之後，與另一條並排成髮箍。髮型俏麗，相當可愛♥

場景 **4**

受邀到朋友家

挑戰淑女造型
穿上稍長的碎花裙

過膝裙能展現高雅氣質，挑選純潔可愛的碎花圖案，就能打扮成淑女模樣。

頭髮造型

① 側邊的頭髮不要綁得太緊，手指從內側穿過結眼，騰出縫隙之後將綁好的頭髮從外側穿過，這就是「扭轉編髮」。

② 「扭轉編髮」繞兩次之後將頭髮分成兩撮，左右拉緊，讓頭髮更加扎實。

③ 結眼上方的頭髮稍微拉出來，讓髮型稍微蓬鬆一些。另外一邊按照相同步驟，做出「扭轉編髮」即可。

Point

過膝裙搭配短靴，整體造型的好感度就會大幅提升。上衣選擇簡單的款式會更協調。受邀時選擇「扭轉編髮」這個髮型再適合也不過了。

頭髮造型

綁上大大的丸子頭
玩個盡興 ♡

① 先在頭頂的左右高處綁兩個馬尾。盡量綁緊一點才不會鬆掉。

② 抓起少許髮束，用扁梳逆梳髮根處，可以增加蓬鬆感。

稍微大一點的髮飾及裝飾髮夾圖案都很可愛！與朋友戴上相同的髮夾也不錯喔！

③ 將頭髮捲在結眼上，形成圓球的樣子，繞至髮梢時用髮夾固定即完成。

Point

厚底涼鞋搭配襪子可以營造出活潑的運動風，帶有滾邊的短褲還能增添幾分可愛氣息。全身裝扮雖然重視方便活動，但是飾品及小東西卻能讓造型增色不少呢！

場景6 前往正式餐廳用餐

以帶有蝴蝶結的手拿包爲配件 搖身變成小大人♡

挑選可以放在椅背的手拿包，雖然小巧，蝴蝶結卻十分搶眼。

頭髮造型

1 先把頭髮綁成寬鬆的公主頭，再參考 129 頁的步驟扭轉編髮一次喔！

2 扭轉的髮束分成兩撮，左右拉緊，整理造型。

3 將所有頭髮分成三束，綁出三股辮，每段辮子稍微抽出一些髮絲，看起來會更有仙氣喔！

Point

燈籠袖襯衫搭配百褶裙的好學生裝扮只要加上手拿包，就能營造出高雅氣質。款式簡單的綁帶淺口鞋不管怎麼搭配都可愛！

受邀到

朋友家玩時

1 一定要告訴家裡的人

去朋友家玩的行程確定之後一定要跟家人說。如果是第一次去對方家玩，或者會在那邊過夜的話，事先讓家人打電話到朋友家打聲招呼，這樣才會玩得安心。有需要的話再請家人幫忙準備當天要帶去的伴手禮吧！

2 決定日期及時間

除了日期，拜訪的時間也要事先決定好，盡量避開用餐時間，盡量在天黑以前回家。

3 事先確認地點及路線

第一次去朋友家的時候最好事先查好要怎麼去，盡量不要因為迷路而遲到喔！如果需要搭乘捷運或公車，那就順便把需要的車錢也查好，這樣比較安心。

如果一直待到吃飯時間，會造成別人的困擾喔，請多注意！

模擬當日流程

1 注意出門時間 盡量準時抵達！

到朋友家作客時盡量準時，或是晚個5分鐘到。太早到的話對方有可能還沒準備好，這樣反而會造成困擾。話雖如此，但也不能遲到太久，不然對方可能會擔心。若是會晚到，記得打個電話聯絡對方。

只要掌握這幾點，就算初次受邀作客也不會手足無措喔！

2 進門前 將脫下的鞋子擺好

脫下的鞋子一定要擺整齊。進玄關時直接朝內脫鞋子，之後再蹲下來把鞋子朝外擺。這個時候盡量不要完全背對人家，稍微側身會比較好。若是因為台階而拿不到鞋子，可以先屈膝再擺鞋。

3 看見朋友的家人 要打招呼 並將伴手禮交給對方

到朋友家作客的時候也要向對方的家人打招呼，像是說聲「你好」、「打擾了」都可以。至於伴手禮就等到進屋入座，打完招呼後再從袋裡拿出來給對方。如果是像蛋糕或冰淇淋等需要立刻放冰箱的東西，直接在玄關處拿給對方也可以！

下頁還有喔！ >>>

4 就算是朋友家也要注意禮節

到別人家的時候絕對不可以「太主動」。想要上廁所的話記得先說一聲「請借我上洗手間」再去。若是沒有徵得對方同意，絕對不可以隨便打開櫃子、開電視或玩遊戲喔！

每個家庭都有自己的家規，可別以為把家裡那一套搬到別人家是理所當然的喔！

這樣的舉動 NG 喔！

- 擅自進別人的房間
- 隨便打開電視
- 玩具亂丟
- 隨便打開冰箱
- 到處亂跑、大聲喊叫
- 吵著要吃點心
- 邊走邊吃東西

5 晚餐以前要回家

在朋友家待太晚的話，不但會延後對方準備晚餐的時間，也會讓人家想吃晚餐卻不敢開動。所以要決定「在朋友家玩到〇點就好」，時間到了就要回家。

6 告訴家人受到對方非常友善的招待

在朋友家受到招待的東西也要好好跟家人報告，像是「他們請我吃蛋糕」或者是「他們送我回家」，這樣家人才能謝謝對方。

在朋友家過夜的時候……

要積極主動幫忙

對方在準備晚餐或整理收拾的時候要主動幫忙。但是要先問過朋友的家人「有什麼事是我可以幫忙的」，千萬不要擅自行動。

自行準備替換衣物及盥洗用品

在朋友家過夜時，記得要自行準備換洗衣物及盥洗用品，毛巾和梳子也盡量自行攜帶，不妨一起準備。

洗臉台及浴室使用後要保持乾淨

洗臉台以及浴室用過之後要好好檢查一下有沒有殘留頭髮和泡泡！特別是洗臉台要注意有沒有溼答答的。

早點就寢，不要聊到半夜

在朋友家過夜難免會非常興奮，但是聊天聊到半夜的話反而會吵到讓朋友的家人睡不著覺，所以晚上要盡量早點休息。

輕鬆小撇步 4

包袱布的活用術

包袱布是萬用工具，應用範圍非常廣泛！
只要手邊準備一條，就能隨時派上用場。

用途廣泛，不占空間很方便！

大多數的人聽到「包袱布」或許會覺得陌生，但這可是非常實用的工具喔！不僅可以用來包特產、把買來的東西全部裝在一起，打個結還能當作提袋。最近市面上還可買到色彩繽紛、花樣豐富的包袱布，大家不妨挑一條喜歡的圖案吧！

這些時候都能派上用場喔！

包裝	整理行李	當作備用提袋
包袱布非常適合用來包禮物或伴手禮。像是瓶罐或筒狀等不易用包裝紙包起來的物品，只要用包袱布就能漂漂亮亮的包起來了。若能配合對方喜好挑選圖案，收禮的人一定會更開心！	衣服以及毛巾等衣物如果用包袱布包起來，行李就會變得更好整理。旅途中用餐或洗澡的時候還可以當作迷你包來裝東西，或者將穿過的衣服及貼身衣物包起來。不用說，整理特產紀念品時也能派上用場。	將包袱布當作環保袋放在包包裡也不錯！這樣逛街或者是東西突然變多的時候就不用擔心了。準備的包袱布如果有防水功能，這樣就能防止東西弄溼了。

如何用包袱布做提袋

接下來要介紹用包袱布做提袋的方法！
非常簡單，家裡若有包袱布就拿來試試看♡

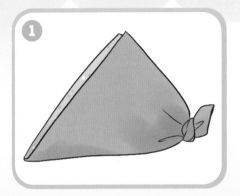

① 正面朝內，將布摺成三角形後，左右打結

先將包袱布有圖案的那一面朝內，摺成三角形之後左右各打一個結，兩邊的結長度要一樣！

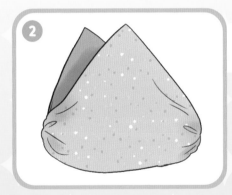

② 包袱布翻面，圖案朝外

打好結的包袱布直接翻面，讓裡頭的圖案露出來之後稍微調整形狀。在步驟❶打的結只要改變結眼長度，就能調整袋子大小喔！

③ 剩下的兩個角綁起來做成把手

剩下的兩個角打個結，包包就大功告成了！穿浴衣或和服時不僅可以派上用場，若是挑選鮮豔明亮的顏色或圖案的話，還能讓全身裝扮畫龍點睛呢♡

享受
季節活動樂趣

認識日本的傳統節日與習俗活動

日本有一些代代相傳的傳統習俗與活動，參加這些傳統活動或外出感受四季變化是一件非常令人雀躍的事呢！接下來為大家介紹這些日本的傳統活動。若能享受四季變化，說不定會讓旁人覺得自己是一個懂得雅趣的女孩子呢！

日本傳統節日與活動的介紹！

*1*月 正月

迎接新年的神明「年神」的活動。通常會擺放門松、稻草繩結及鏡餅裝飾，以慶祝過年。

*2*月 撒豆子

在「節分」這一天撒豆子打鬼，以驅逐厄運的習俗。只要吃下數量比年紀多一粒的豆子，就能祈求未來一年平安無事。

*3*月 桃花節

俗稱「雛祭」，也就是女兒節，是祈禱女兒健康成長的傳統習俗。通常會供奉菱餅或雛霰（雛米果）來慶祝♥

*4*月 賞櫻

欣賞櫻花，迎接春天到來的活動。聽說奈良時代就已經有賞花的文化呢！

5月 端午節（兒童節）

在兒童節這一天祈禱孩子健康成長的習俗活動。通常會擺飾五月人形或掛上鯉魚旗來慶祝。

6月 梅雨

在陰雨綿綿的這個季節掛上「晴天娃娃」，據說是江戶時代流傳下來的風俗習慣。

7月 七夕

七夕是牛郎織女一年一度相見之日。人們習慣在這天將想做的事寫在紙條後掛在竹子上裝飾。

8月 盂蘭盆節（中元節）

祭拜祖先的習俗。通常會將小黃瓜及茄子做成馬兒或牛隻，當作祖先的交通工具來裝飾。

9月 賞月

農曆十五的滿月稱為「中秋明月」，通常會全家一起賞月，有時候還會供奉用糯米做成的月見丸子。

10月 賞楓

欣賞泛紅楓葉的傳統活動，日文叫「狩紅葉」。這裡的「狩」意思是觀賞，而不是狩獵蒐集。

11月 七五三

到神社參拜，祈禱7歲、5歲及3歲的孩子健康成長的傳統活動。還要吃會帶來好彩頭的千歲飴喔！

12月 搗年糕

年底搗年糕是歲末的風景詩之一，要在過年前為裝飾正月的鏡餅做好準備♪

編注：有關臺灣的傳統節慶活動介紹，可至「交通部觀光署」查詢參考。

什麼是二十四節氣？

季節約兩週就會變化一次

季節可分爲春夏秋冬，二十四節氣就是將這四個季節再各細分成六個時期而來的，而且每個時期都有一個名字。下表是經過彙整的二十四節氣。若能調查看看這些名稱是什麼意思，應該會很有趣喔！

春	立春（2/4 左右）	雨水（2/19 左右）	驚蟄（3/5 左右）
	春分（3/20 左右）	清明（4/4 左右）	穀雨（4/19 左右）
夏	立夏（5/5 左右）	小滿（5/20 左右）	芒種（6/5 左右）
	夏至（6/21 左右）	小暑（7/7 左右）	大暑（7/22 左右）
秋	立秋（8/7 左右）	處暑（8/23 左右）	白露（9/7 左右）
	秋分（9/22 左右）	寒露（10/8 左右）	霜降（10/23 左右）
冬	立冬（11/7 左右）	小雪（11/22 左右）	大雪（12/7 左右）
	冬至（12/21 左右）	小寒（1/6 左右）	大寒（1/20 左右）

與旁人促進感情

溝通禮儀

………………

凱琳小姐，您怎麼了？
為什麼一直盯著我看呢？
心中有話不說出來的話
我是不會知道的喔！

嗯……還是算了！

春樹雖然很嚴格，
但他總是會適時
伸出援手，

所以我想
好好謝謝他⋯⋯

但是又不好意思
直接說出來⋯⋯

我寫了信
要給凱琳和真帆！

對了！
寫信給春樹的話，
說不定
是個好方法！

好好表達
心中想法

所謂的「溝通」就是聆聽對方的意見後，將自己的想法告訴對方。
只要表達得當，和朋友之間的關係就會更加密切♡

要重視「言語措辭」

想要表達心情時大家都會怎麼做呢？大腦裡所想的事情就算不說，對方也「應該猜得出來」或是「應該會懂」，但是為了避免意想不到的誤會發生，透過「語言」好好說出來是非常重要的。這個時候措辭要得體，說話要溫柔。接下來介紹向對方表達感受時的重點吧！

表達感受時的重點

及時傳遞心中想法

除了感謝與開心，道歉的心情也要及時傳遞給對方，這點很重要。談話的過程中若是察覺自己說錯話，不要猶豫，趕快向對方道歉。

如實表達意見

被詢問意見時，要誠懇的表達想法。不過有時候太過坦白反而失禮，因此當我們在表達意見時，說話方式一定要特別注意！

先聆聽對方看法

就算看法與對方不同，也要懂得接受對方的意見。待對方說完，回覆「原來是這樣」之後，再告訴對方「我的話是這麼想的」會更好。

談話之餘，傳遞想法

說話時的表情與手勢也很重要

曾經研究指出，人們說話時最重視什麼。結果發現外表、表情及手勢占 55%，語氣及速度占 38%，而談話內容則是占 7%（麥拉賓法則，the rule of Mehrabian）。這代表人們雖然注重談話內容，但是外表、手勢與說話方式的重要性反而超乎於此。可見只要記住第 26 頁介紹的正確姿勢，就能在別人心目中留下美好的第一印象，開懷暢談。

表情

眼神交流，有助對話！

聊天時要看著對方的眼睛，面帶笑容。溝通交流時，淺淺一笑可讓氣氛更加融洽，所以我們要發自內心，讓嘴角微微上揚♪

身體

稍微靠近，拉近距離！

除了臉，聊天時身體若能轉向對方，就代表對方的談話內容引起我們的興趣。就算身體沒有轉過去，兩人緊鄰交談說不定也能拉近彼此之間的距離！

說話方式

談話節奏，懂得控制！

若是按照自己的節奏講個不停，恐怕會讓對方覺得自己是一個任性自我、口無遮攔的人，因此聊天時要稍微放慢速度，察言觀色，一邊注意對方的反應，一邊表達自己的看法。

懂得說話的小學生都會無形中做到這幾點喔♪

保持120%的燦爛笑容！

笑容要比自己所想的還要燦爛！

就算覺得自己已經笑容滿面了，有時表情依舊僵硬，所以笑的時候盡量露出120%的笑容！只要笑得稍微誇張一點，心中的喜悅就能傳達出來。試著放下矜持，開懷展露燦爛的笑容。

放鬆臉部肌肉開心大笑吧！

挑戰笑臉運動！

接下來要介紹展露笑容時，不可或缺的臉部肌肉放鬆運動。

1 右邊臉頰塞滿空氣，整個鼓起來之後依照上唇→左邊臉頰→下唇的順序移動，每次要繞10圈！

2 嘴角上揚，露出微笑，伸出舌頭，左右轉動看看！每次來回15～20次，讓嘴巴周圍的線條更俐落。

搭配肢體語言的說話技巧

說話時
看著對方的「眼睛」

聆聽別人說話時要看著對方的眼睛，和朋友聊天的時候也是一樣，而且兩人的視線要盡量一樣高。說話時若是站在高處低頭看對方，這樣反而讓人覺得高傲，要多加留意。

盡量不要「背對」他人！

第 144 頁曾經提到說話時身體要轉向對方。也就是說，說話時若背對對方是一件非常沒有禮貌的事。特別是和兩位以上的朋友聊天時往往會遇到這種情況，因此在面對其中一個人時，盡量不要背對另外一個人，免得對方覺得自己落單喔！

自己站在中間的時候要多加留意站在左右兩邊的朋友喔！

「手」要放在桌上

聊天時雙手放在桌上，身體稍微往前，這樣就能展現出積極參與對話的意願了，但是留意雙手不要一直動來動去。雙手要是放在桌子底下，反而會讓對方誤以為「是不是很無聊」。

千萬不要在桌底下偷看書或滑手機喔！

這裡要注意！

這樣的說話態度也 NG 喔！

手肘立在桌上

手可以放在桌上，但是手肘立在桌上反而會給人草率隨便的印象，加上身體歪斜的姿勢也不美觀，所以聊天時記得不要把手肘立在桌上。

一邊做別的事，一邊聽對方說話

別人正在說話的時候，在旁邊玩遊戲或滑手機是一件非常沒有禮貌的事。與別人聊天的時候手機記得收到包包裡，不要放在桌上，並且認真聆聽對方說話。

說話方式要淺顯易懂！

說話速度
「慢一點」更好

希望別人聽我們發言時，說話速度不妨試著比平常慢一些，這樣對方就會靜下來聽我們說話。另外，配合對方進展話題也很重要。只要話題進展順利，就會越聊越開心，這樣就能讓對方覺得「和妳聊天是一件開心的事」喔！

思考一下「說話順序」

接下來要注意的是說話順序。只要按照「什麼時候、在哪裡、誰、怎麼了、所以我覺得」的順序架構內容，對方就會更容易捕捉到訊息。談話內容要是過於鬆散，有時反而會招來不必要的誤會，要多加留意。

在哪裡
誰
什麼時候
怎麼了

對方不知道的事情要好好說明喔！

挑選這類話題，炒熱氣氛！

時尚＆打扮

喜歡打扮的女孩們聚在一起聊天，時尚話題應該可以帶動氣氛。聽聽對方是怎麼決定打扮，談談今天的穿搭主題。聊聊喜歡的模特兒或雜誌都不錯喔！

戀愛話題

讓小女孩越聊越興奮的話題非戀愛莫屬！但對方若是不想說，那就不要打破砂鍋問到底，甚至把朋友的祕密告訴別人，這麼做絕對 NG 喔！

學習與未來

認真聊一聊學習以及未來的夢想也很棒，這樣說不定會看到朋友令人意外的一面喔！另外，向對方請教自己成績較差的科目也是一個好方法。

興趣與喜歡的事情

聊聊自己的興趣或喜歡的事情也可以。聊過自己的事情之後，接下來不妨問問對方最近迷上什麼事情吧！只要興趣相近，彼此之間的友情就會越來越深厚。

連續劇與演藝人員

時下正紅的連續劇、演員與藝人等話題也能炒熱氣氛。喜歡的演藝人員這個話題還能成為與初次見面的人交談的契機。如果都是喜歡同一個偶像的粉絲，聊起天來說不定會更加合拍喔！

隨聲附和，專心聆聽

只要隨聲附和
談話會更有節奏

聆聽別人說話的時候若是一直沉默不語，這樣會讓說話的人感到不安。這個時候只要適度「附和」，就可以讓對方感到安心。隨聲附和的表現有很多種，接下來要介紹幾種常見的反應供大家參考！另外，有人在說話的時候千萬不要打斷對方，中途「插話」急著說自己的事喔！

試著這麼附和回應吧！

表現反應的附和詞

「嗯、喔！」、「真的嗎？」
「是嗎？」、「嚇我一跳！」

表達同意的附和詞

「沒錯」、「原來如此」
「我也這麼認為」、「贊成！」

稱讚對方的附和詞

「好厲害喔！」、「不愧是妳！」
「我竟然不知道！」

好奇後續的附和詞

「發生什麼事？」、「告訴我細節！」
「後來呢？」

注意傷人的字眼！

column

有些「傷人的字眼」聽了會讓人覺得不舒服。除了不雅的用詞，一些自私高傲的言語也會刺傷別人的心，例如「快一點好不好」或者是「這麼簡單妳也不會？」等等。反過來說，讓人聽了心情愉悅的「溫馨話語」，例如「好厲害喔」或者是「加油」若能多說一些，身旁的人就會更加開心喔！

留意有沒有說出這樣的話呢？

◇「白癡」、「笨蛋」等的粗魯用詞

◇「胖子」等取笑外表的措辭

◇「走開」、「不要過來」

◇「我不想跟〇〇玩！」

◇「這誰都會好不好！」

◇「你給我差不多一點喔！」

表達心情時口氣溫和一些，這樣就能和大家一起共度美好時光了♪

設身處地，將心比心！

和別人說話時有一點非常重要，那就是要先想一下對方聽了會有什麼感受！例如朋友心情低落時，若是毫不在意地拚命講自己的開心事，妳覺得朋友聽了會有什麼感受呢？所以「有話想說」時先不要讓自己被心情帶著走，要設身處地，想想對方聽了會有什麼感受喔！

場景別！ 溝通交流協助

場景 1

不敢和初次見面的人說話……
要怎麼舒緩緊張的情緒，與對方聊天呢？

同學的意見

多準備一些話題
就沒問題
若覺得先從提問打開
話題會比較好，那就
先想一些問題吧！例
如喜歡的藝人、擅長
的科目或是才藝班都
可以，問完之後再從
中延伸話題！

學長姐的意見

只要抓住契機
應該就聊得起來
我會盡量抓住打開話
題的契機。建議大家從
首飾或文具開始下手，
像是「那個好可愛喔」
之類的，因為沒有人不
喜歡被稱讚。

公主類型一簡言建議

 樂佩　說話時只要看著對方的眼睛，應該就能讓彼此放鬆心情♡

 仙度瑞拉　說出自己喜歡的東西之後再試著反問對方看看吧！

 白雪公主　可以試著聊聊電視節目，例如「妳昨天有看那個節目嗎？」

 貝兒　先慢慢觀察對方，試著找出與自己的共同點♪

 睡美人　聊天的時候要注意表情！談話時若能自然露出微笑那更好。

152

指南

大家溝通交流時會遇到的煩惱，我們也問了年紀相仿的小朋友及學長姐意見。另外，第6頁診斷歸納的公主類型所給予的建議也可以參考喔！

場景 2

希望喜歡的人覺得自己「很可愛」！
但是裝可愛會不會太做作呢？

同學的意見

處事態度不因人而異
裝可愛有何關係
努力讓自己變得可愛，我覺得很棒呀！不過處事態度最好不要因人而異。無論對方是男是女，只要態度一致就好，不是嗎？

男生的意見

善解人意的女孩子
比較可愛
我不清楚什麼叫做裝可愛，反倒覺得態度從容、關心他人的女孩子「很可愛」。像這種常常關心別人的女孩子，你不覺得很討人喜歡嗎？

公主類型簡言建議

 樂佩
可愛的基礎是儀容，所以不要忘記帶手帕和面紙喔！

 仙度瑞拉
試著挑戰有別於平常的髮型，應該就會吸引對方注意喔！

 白雪公主
聲援喜歡的人參加的社團，藉機拉近兩人的距離！

 貝兒
每日勤於保養皮膚，展露光滑水潤的肌膚。

 睡美人
聊天的時候只要面帶微笑，對方說不定就會發現妳的可愛！

場景 3

不小心聽到有人說自己壞話……
今後要怎麼面對呢？

同學的意見

應該會想找人訴苦
要是知道有人在背後說自己壞話，打擊應該會很大吧？如果是我的話當下會想要找朋友訴苦。要不要找個值得信賴的知己或者是其他學校的朋友聊一聊呢？

學長姐的意見

最好的方法就是當作沒有這件事
心裡或許會受到打擊，但面對流言最好的方法就是不要在意。說壞話的人應該是羨慕妳才會這麼做，所以不必放在心上，時間一過，對方就不會再說的！

公主類型簡言建議

樂佩　試著一如往常向對方打招呼，說聲「早！」

仙度瑞拉　難過的話不妨向值得信賴的老師或家人傾訴吧！

白雪公主　好友會是我們的心靈支柱，試著和她們聊一聊吧！

貝兒　只要練就「左耳進，右耳出」的技巧，就不會一直耿耿於懷！

睡美人　說壞話的人如果還是一個小孩，那就不要太在意，以寬容態度原諒他吧！

場景 4

有時朋友讓我覺得有點反感，
我要如何繼續與對方和睦相處呢？

學長姐的意見

**多瞭解對方
說不定會找到共同點**

先想想看為什麼那個人
會讓妳覺得有點不好相
處。若是與對方不熟，
那就先從努力認識她開
始吧！一旦找到共同
點，兩人相處說不定會
意外成為知己呢！

同學的意見

**不需要勉強自己與對
方相處**

不過這句話的意思並不
是要排擠那個人，或者
是叫其他朋友不要跟那
個人玩。需要大家同心
協力、共同合作的時
候，還是要適時伸出援
手，互相幫忙。

公主類型箴言建議

 樂佩　就算有點在意，也不要放在心上，這
才是上上策。

 仙度瑞拉　只要記住每個人各有自己的想法，讓
人糾結的念頭說不定就會消失。

 白雪公主　忽略心中的疙瘩，找出對方的優點。

 貝兒　不妨與對方聊聊喜歡的藝人，氣氛一
旦熱絡，心中的疙瘩說不定就會消失。

 睡美人　只要面帶笑容與對方打招呼，兩人說
不定就會自然而然打成一片喔！

和朋友喜歡上同一個人！
該放棄嗎？還是坦白告訴對方……

同學的意見

**沒有必要
為了朋友而放棄**

我認為沒有必要為了朋友放棄自己的愛情。如果我是那位朋友，應該會希望妳能表明心意。兩人如果是真正的好朋友，那就更應該卸下心房向對方坦白，不是嗎？

學長姐的意見

**選擇一個讓自己
無怨無悔的方法**

這個問題是沒有正確解答的，既然如此，猶豫不決時就選擇一個不會讓自己後悔的答案吧！為了朋友而退出，只要不會讓自己後悔，那就這麼去行動吧！

公主類型簡言建議

 樂佩　只要坦誠心意，對方應該會懂！

 仙履瑞拉　不需要太為他人著想，隨著自己的心意走就好。

 白雪公主　正式宣布兩人是情敵也可以，對方一定會諒解的。

 貝兒　與其他朋友談一談，這樣說不定會得到一些建議喔！

 睡美人　嚴禁魯莽行事！要先察言觀色，小心謹慎。

場景 6 最近動不動就和家人發生爭執，
爸媽說的話都是對的嗎？

學長姐的意見

父母擔心妳
是無庸置疑的事
我的爸媽也會碎碎念，
但我覺得是因為關心。
所以和爸媽起爭執的時
候，告訴他們「謝謝你
們的關心，但是我想要
這樣」就好了。

同學的意見

問問看
為什麼不可以這樣
以前只要聽到爸媽說
「不行」就會很火大，
可是聽了原因之後整個
人就釋懷了。若是無法
認同，不妨試著問問看
不行的理由是什麼吧！

公主類型ㄝ簡言建議

樂佩	只要平常多表達謝意，爭執說不定就會減少！
仙度瑞拉	父母說話的時候要認真聆聽，絕對不可以分心，邊聽邊做其他事。
白雪公主	在家人開口提醒之前，就先把那些事情做完吧！
貝兒	先聽一次家人的話看吧，牢記在心也很重要的！
睡美人	無法坦誠相對時，試著寫封信給家人表達自己的想法。

透過文字，表達心情

寫信的時候
要語氣溫和，如實傳遞

不好意思當面感謝對方的時候，或是向朋友道歉時，只要寫封信，就可以坦白的把想法告訴對方。當然，平常也可以寫信給對方，只要善用藝術字、插圖、貼紙把信設計得可愛一點，對方收到信之後一定會綻放微笑喔！

什麼時候需要寫信呢？

表達謝意
或祝賀之意的時候

收到禮物或受人幫忙等表達謝意時，寫信的效果會很棒喔！當然，生日或紀念日等時候寫封信祝賀也不錯。

報告近況
的時候

如果是寫紙條給同學的話，用記事本或活頁紙感覺也會非常可愛。如果是與住在遠地的朋友或親戚通信的話，記得使用正式的信紙。

想要邀請對方
參加活動的時候

舉辦聖誕派對、生日派對或萬聖節派對時，也可以用寫信的方式邀請對方。最後不要忘記配合場合，加上裝飾文字或插圖，營造出可愛的氣氛喔。還有，時間與地點不要忘記寫上喔！

寫信時的重點

嚴加挑選
信紙及信封

既然要寫信，當然要用喜歡的信封組囉！除了顏色與圖案，紙張的質感也不妨留意。特別是在國外，人們通常認爲使用質感佳的紙張來寫信或卡片是一件非常重要的事。

把信裝飾得可愛豐富
再送給對方！

除了藝術字，裝飾信紙還有許多技巧喔！例如畫上裝飾線、插圖，貼上貼紙或紙膠帶等等。試著配合收信人及寄信場合裝飾信紙，試著寫出一封讓人一打開就笑容滿面的信吧！

字跡不要太過潦草

寫信的時候記得字跡要工整。寫給朋友的話，字通常都會寫得可愛一點，但如果是會讓對方看不懂的藝術字，那麼動筆之前就要三思了。寫的時候要以收信的人爲優先考量，盡量寫出一封字跡端正的信。

如果是要寫信給爺爺奶奶的話，字記得寫得大一點，這樣他們才容易閱讀喔！

159

挑戰設計文字

先挑戰基本的藝術字吧！接下來我們以右邊的「謝」字為範本，為大家介紹六種藝術字。

謝

描邊字 + 陰影

只有畫出輪廓的藝術字稱為描邊字。只要在輪廓的右邊及下方畫出陰影，就能呈現立體感。

亮亮字

畫出線條渾圓的描邊字之後，隨意在邊緣加上驚嘆號，這樣就是圓滾滾的亮亮字。

繞邊字

只要繞著文字外圍畫線，就能輕鬆地寫出藝術字。而且繞邊的線條還可以稍做變化，改成虛線呢！

圓頭字

線的兩端畫上圓點就是圓頭字。雖然簡單，卻能輕鬆寫出藝術字喔！

圈圈字

字寫好之後只要沿著線條不停地畫圈就可以了！這種藝術字非常適合來表達糾結的心情喔。匆忙的時候兩三下就能寫出來！

膠帶字

升級版的描邊字。只要將線條兩端畫成和膠帶一樣的鋸齒狀，就能立即畫出可愛等級的藝術字。

短句的文字設計！

STEP 2

善用裝飾分割線

在信中若要轉移話題或者劃分空間,單純畫條線隔開似乎有點乏味!既然都提筆寫信了,那就再畫上幾條可愛的分隔線吧!

在虛線之間穿插愛心及星號(＊),營造時尚氣氛♡

適合 POP 字體的花環風格分隔線♪

將線條畫成花朵與樹葉,營造小大人的氣氛。

蕾絲與蝴蝶結組成的分隔線是標準的女孩風格♡

花些巧思畫出菱形與「～」,就是一條真正的分隔線了!

只要在線條上下加些圓點,就能輕鬆畫出裝飾分隔線☆

STEP 3

加上迷你插圖

熟練藝術字與裝飾分隔線之後,接下來再加個小技巧!那就是在信紙上簡單畫小插圖,這樣整封信看起來會讓人印象更加深刻!大家可以試試看★

青蛙

筆記本與鉛筆

口紅

車子

甜點

FOR：好友

當最要好的朋友生日時，往往會想要寫一封可愛的信給對方。這時候不妨畫上滿滿的插圖及符號，讓整封信看起來熱鬧無比。夾在禮物裡交給對方也可以喔！

小重點！
因為想要強調年紀，所以特地畫出數字蠟燭。信紙的底色則是挑選好友最喜歡的顏色。

FOR：同學

即使是寫給同學的簡單邀請函也不能草率了事喔！這裡利用插圖及對話框讓整封信的氣氛更加熱鬧。重要的聚會時間要寫在明顯的地方。

小重點！
愉悅的心情可以用插圖式的表情符號來表達！結尾只要加上插圖，就能提升整封信的可愛度★

我和媽媽 一起烤了餅乾喔！ **期待妳** 下課後過來吃。

等妳喔！

4點見喔！

接下來要利用前一頁介紹的裝飾技巧來寫信！
首先介紹寫給好朋友及學長姐的書信創意♪

FOR：學長姐

這封信是寫給在社團一直照顧自己的學長姐。信中還畫了不少最喜歡的籃球相關插圖！寫信給學長姐時措辭要有禮貌喔♪

小重點！
想要強調的感謝話語用色要繽紛一點。文字底部只要畫上不同顏色的圓形，整封信的感覺就會變得十分爽朗。

中原學姐
很高興這一年
我們的球隊有您當隊長
讓我們成長許多
真的很高興能和學姐
一起打球♥ᵔᵕᵔ♥
這一年您辛苦了
果音

FOR：喜歡的人

這封感謝函是要寫給喜歡的人！在以筆記本、鉛筆及橡皮擦等文具為設計主題的信紙裡留下訊息的話，一定會讓對方印象深刻。

給聰太

謝謝昨天你教我**數學**，
幸好有你在‼️這樣我
考試應該就不用擔心了♫
真的非常謝謝你〰️

小菜

小重點！
配合內容再加上文具插圖也可以，貼些貼紙裝飾會更可愛！

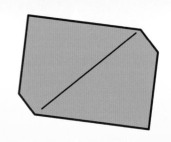

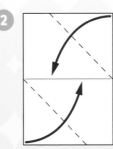

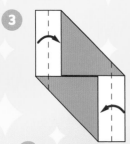

Happy technique 輕鬆小撇步 5
學會如何摺信紙

將訊息寫在便條紙或信箋上，再摺成某個形狀也很可愛！

爲大家介紹三種常見的信紙摺法。

基本摺法

最簡單又不複雜的摺法，

先學會這個基本的信紙摺法。

------ 往前摺

邊角要塞到★下面！

翻過來

完成！

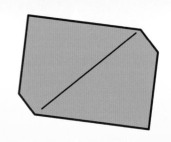

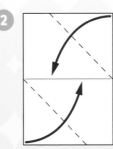

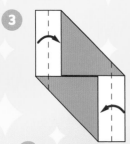

蝴蝶結

洋溢女孩氣息的蝴蝶結摺法。
收到信的人一定會驚喜無比！

·—·—·—·—·— **往後摺**
— — — — — **往前摺**

①

②

③

④

打開壓平

⑤ 翻面

⑥

打開壓平

下一頁還有喔！ >>>

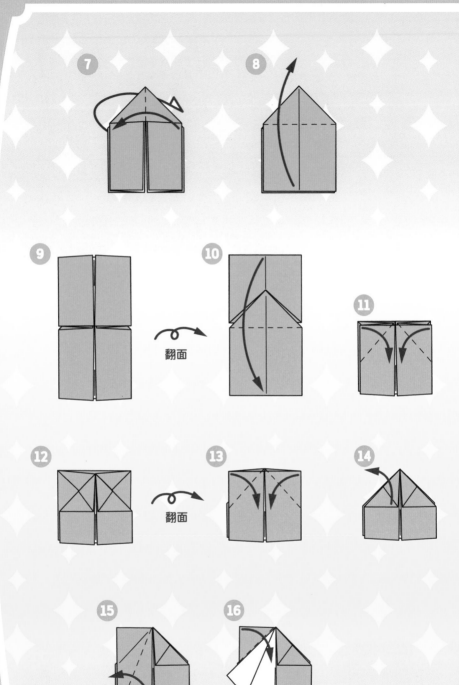

翻面

翻面

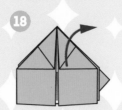

翻面

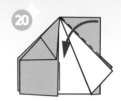

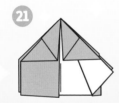

轉 90 度

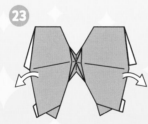

輕輕拉開，正中央
壓平。小心可別拉
破囉！

完成！

雖然有點難度，但只要依
照順序慢慢摺就沒問題！

草莓

步驟比較少，只要小地方好好處理，
就能摺出漂亮的草莓

> •——•——•——•—— 往後摺
> —————————— 往前摺

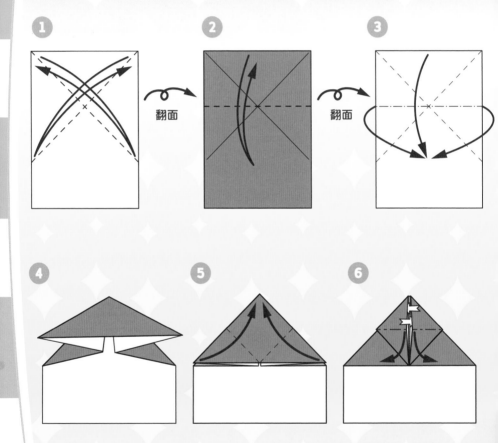

1

翻面

2

翻面

3

4

5

6

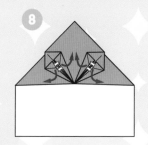

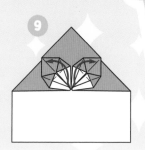

打開壓平

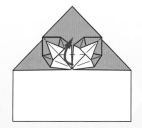

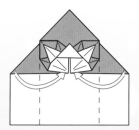

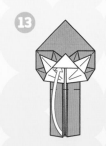

轉180度

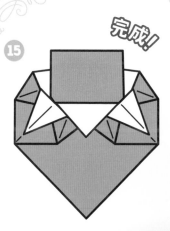

完成!

表達謝意的

寫給家人及兄弟姐妹

書信創意集

Happy ♥Mother's Day

媽媽 謝謝您 ♥ 每次都為我們
煮那麼多豐盛的飯菜 媽媽的廚藝果然是 天下第一！

今後也要繼續煮
好吃的給我們吃喔！

FOR：媽媽

母親節或媽媽生日的時候記得寫封信感謝母親，平常說不出口的話就趁這個機會好好表達，寫的時候語氣要誠懇喔。

小重點！
選擇母親節專屬的主題來布置，也就是康乃馨的插圖，整體也統一使用紅色系的色調搭配。

FOR：爸爸

父親節或爸爸生日的時候就把信夾在禮物裡送給他，信紙可以畫上眼鏡、啤酒或領帶等爸爸會喜歡的主題！

小重點！
寫好的內容試著用蝴蝶結與圓點圍起來。只要用感覺清爽的藍筆來畫，就不會讓人覺得氣氛過於甜膩，恰到好處喔！

常常忙著工作的爸爸 您辛苦了！

送您的 🎁 領帶
是我和媽媽一起選的！！
希望您會喜歡♪

寫封信給最愛的家人，表達心中的感激之情，只要提筆寫信，那些令人難以啟齒、不敢當面說的事情應該就有辦法好好傳遞，記得搭配場合裝飾信紙喔！

FOR：爺爺奶奶

重陽節或生日的時候只要寫封信給爺爺奶奶，相信他們一定會很高興。字要工整一點、大一點，這樣老人家看信的時候才方便閱讀。

小重點！
這封信的信紙特地設計成將四周圍起來的畫框。除了訊息還加上了肖像畫，讓內容更豐富！

給爺爺 奶奶
謝謝您們教導我、告訴我那麼多事。希望你們能活力洋溢，長壽健康♪

小櫻

FOR：兄弟姐妹

寫信給兄弟姐妹或許會有點難為情，但既然是開心的事，當然要寫信留下回憶。喜悅的心情一定要盡早讓對方知道喔！

給 姐姐
上次一起做餅乾實在是太開心了下次說不定可以挑戰做 蛋糕 喔♪

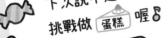
莉子
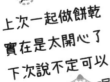

小重點！
將兩人曾經一起做的餅乾畫在信紙上裝飾，成為世界上獨一無二的設計，這樣就是一封讓人看了垂涎欲滴的信！

感受季節的

讓活動氣氛更加熱絡！

卡片創意集

給 拓 海

謝謝你

常常陪我玩

我做了布朗尼，

要記得享用喔😊

小琳

情人節

情人節這天就把卡片夾在甜點裡一起拿給對方吧！既然要送卡片給喜歡的人，當然會希望對方永記在心！筆的顏色可以多選幾種，把卡片畫得可愛一點！

小重點！
將對方的綽號畫成禮物風，或是把自己的名字寫在標籤裡，讓這些不經意的小巧思更充滿創意。

萬聖節

萬聖節的邀請函剪成南瓜形狀可以加深對方的印象，完美展現主題喔！設計卡片時只要使用黃色、橘色或紫色等顏色的筆，整個氣氛就會變得不一樣。

小重點！
把訊息寫在南瓜燈的嘴巴是重點！使用油漆感金屬筆會更加亮眼！

Happy Halloween
今晚要在我家辦派對喔！
大家帶著點心
6點集合
奈奈美

在臺灣及日本，過年通常都會寄賀年卡，外國人在聖誕節及紀念日也有互送卡片的習慣，一起利用可愛的卡片讓節日的氣氛更加熱絡吧！

聖誕節

「Merry Christmas」的意思，就是「祝你聖誕快樂」。用英文寫下祝福感覺會格外不同！設計卡片的時候要用紅、白、綠這三種基本色，這樣就能營造出熱鬧的感覺。

小重點！

邊框可以畫上蝴蝶結，整個圍起來！空白部分塗上顏色，感覺更加繽紛！

Merry Christmas

明天就是耶誕節了！
耶誕老公公會來嗎？
好緊張喔
不過在這之前
先收下我的禮物吧♪

環 奈 ♥

新年

這是親朋好友為了問候新年互送的卡片。可以在上面畫些吉祥物或生肖，內容則是可以報告近況，或者寫下新年願望！

小重點！

賀卡以紅白這兩個用於喜慶的顏色為底色裝飾！中間只要畫個玩偶人物，就能營造歡樂的年節氣氛。

新年快樂

寒假過的如何呢？
今年也要一起玩，
留下美好的
回憶喔！

彬彬有禮的 書信寫法

接下來介紹給長輩或老師的正式書信寫法。以寫給伯母的感謝函爲例，謝謝她生日時贈送花束。基本上整封信的結構可以分爲前文、正文、後文與結尾這四個部分。

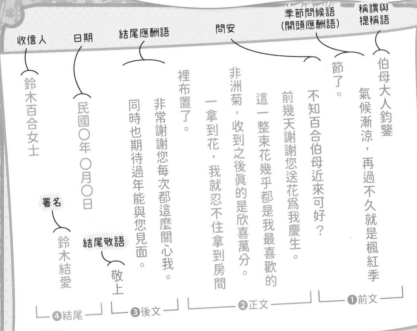

收信人　日期　結尾應酬語　問安　季節問候語（開頭應酬語）　稱謂與提稱語

伯母大人鈞鑒

氣候漸涼，再過不久就是楓紅季節了。

不知百合伯母近來可好？

前幾天謝謝您送花爲我慶生。

這一整束花幾乎都是我最喜歡的非洲菊，收到之後眞的是欣喜萬分。

一拿到花，我就忍不住拿到房間裡布置了。

非常謝謝您每次都這麼關心我。

同時也期待過年能與您見面。

敬上（結尾敬語）

鈴木結愛（署名）

民國〇年〇月〇日

鈴木百合女士

④結尾　③後文　②正文　①前文

---

①前文…以「鈞鑒」之類的提稱語、季節問候語以及關心對方的問候語等這三個部分來寫。

②正文…關於寄這封信的目的，內容要考量對方的立場，使用語詞要簡單俐落。

③後文…結尾的應酬語。寫的時候措辭要記得配合開頭的提稱語。一開始如果是寫「懿鑒」，那麼結尾敬語就要用「敬上」。

④結尾…寫信的日期、寄信人以及收件人。

▷ 寄信之前的檢查事項！ ◁

確認收信人及地址是否正確！

寄信的時候一定要寫上收信人與自己的「郵遞區號」、「地址」以及「姓名」，對方的地址如果寫錯，信件就會被退回來，無法寄送，所以寄出之前一定要再三確認。

封口黏好，免得信件掉落

信封封口要是沒有黏好，這封重要的信在寄送的過程當中很有可能會掉落，所以封口一定要黏緊。膠水要是變乾而黏不緊，可以在上面貼層膠帶，這樣比較保險。

郵資要貼足

寄信時要在信封貼上和郵資相同價值的「郵票」，信件大小、重量和寄送方式不同，郵資也會不同，寄信前可以先向郵務人員確認金額。

175

那從今以後
我要多學一些
生活禮儀，

成為一個
好女孩！

知識館

知識館012

生活素養小學堂 2：小學生的生活禮儀課

めちゃカワMAX!!
小学生のステキルール 12歳までに覚えたいマナー&常識BOOK

監			修	佐藤 夕
譯			者	何姵儀
責	任	編	輯	陳鳳如
封	面	設	計	張天薪
內	文	排	版	李京蓉
童	書	行	銷	張惠屏・侯宜廷・林佩琪・張怡潔

出	版	發	行	采實文化事業股份有限公司
業	務	發	行	張世明・林踏欣・林坤蓉・王貞玉
國	際	版	權	施維真・劉靜茹
印	務	採	購	曾玉霞
會	計	行	政	許俶瑀・李韶婉・張婕莛
法	律	顧	問	第一國際法律事務所　余淑杏律師
電	子	信	箱	acme@acmebook.com.tw
采	實	官	網	www.acmebook.com.tw
采	實	臉	書	www.facebook.com/acmebook01
采實	童書	粉絲	團	www.facebook.com/acmestory

I	S	B	N	978-626-349-444-2
定			價	380元
初	版	一	刷	2023年11月
劃	撥	帳	號	50148859
劃	撥	戶	名	采實文化事業股份有限公司
				104 台北市中山區南京東路二段 95號 9樓
				電話：02-2511-9798　傳真：02-2571-3298

國家圖書館出版品預行編目(CIP)資料

生活素養小學堂. 2：小學生的生活禮儀課 / 佐藤 夕監修；何姵儀譯. -- 初版.
-- 臺北市：采實文化事業股份有限公司, 2023.11
192面；14.8*21公分. -- (知識館；12)
譯自：めちゃカワMAX!!：小学生のステキルール 12歳までに覚えたい マナ
ー&常識BOOK
ISBN 978-626-349-444-2(平裝)

1.CST: 禮儀 2.CST: 生活教育 3.CST: 通俗作品

192.31　　　　　　　　　　　　　　　　　112015384

采實出版集團
ACME PUBLISHING GROUP

小学生のステキルール 12歳までに覚えたいマナー&常識BOOK
SHOUGAKUSEI NO SUTEKI RULE 12SAI MADENI OBOETAI MANNER & JYOUSHIKI BOOK
© SHINSEI Publishing Co.,Ltd. 2019
Originally published in Japan in 2020 by SHINSEI Publishing Co.,Ltd.,TOKYO.
Traditional Chinese edition copyright ©2023 by ACME Publishing Co., Ltd.
Traditional Chinese Characters translation rights arranged with SHINSEI Publishing Co.,Ltd.,TOKYO.through TOHAN
CORPORATION, TOKYO and KEIO CULTURAL ENTERPRISE CO.,LTD.,NEW TAIPEI CITY.

栽切線 ✄

daily plan sheet

每日行程表

&

每週行程表

特別附錄

規劃每日及每週的行程時，
可以運用本單元的表格，
影印後再沿著虛線剪下，
方便又實用喔！

weekly plan sheet

好好安排一天的行程!

起床的時間要從吃早餐、做好準備及踏出家門的時間反算回去。

STEP 1 決定起床的時間!

在安排一天的行程時,第一個要決定的是起床時間。只要在不會讓自己手忙腳亂、可以從容做好準備的時間起床就好了!起床時間決定之後,接下來就能決定前一天晚上應該幾點上床睡覺了。

STEP 2 想想「該做的事」!

預定要上的正課或才藝班以及當天該做的事逐一列出來之後填寫在表格裡。或是像「○點〜○點要專心唸書」這樣安排也可以。

STEP 3 安排一段屬於自己的時間!

一整天都排滿行程的話可能會把自己搞的精疲力竭。該做的事做完之後,記得留一點時間給自己喔!像是在房間裡休息、看電視,或是做自己想做的事。

人是需要喘息的,是吧?

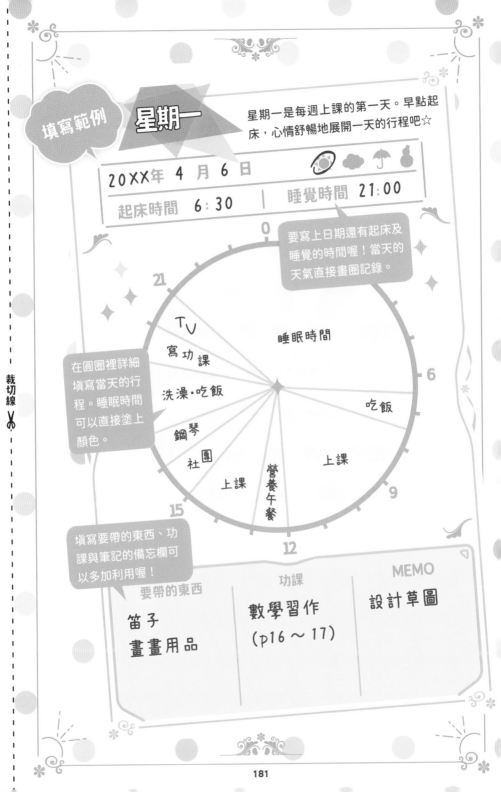

填寫範例

星期一

星期一是每週上課的第一天。早點起床，心情舒暢地展開一天的行程吧☆

20XX年 4 月 6 日

起床時間 6：30 ｜ 睡覺時間 21：00

要寫上日期還有起床及睡覺的時間喔！當天的天氣直接畫圈記錄。

睡眠時間

在圓圈裡詳細填寫當天的行程。睡眠時間可以直接塗上顏色。

TV
寫功課
洗澡・吃飯
鋼琴
社團
上課
營養午餐
上課
吃飯

填寫要帶的東西、功課與筆記的備忘欄可以多加利用喔！

要帶的東西
笛子
畫畫用品

功課
數學習作
(p16～17)

MEMO
設計草圖

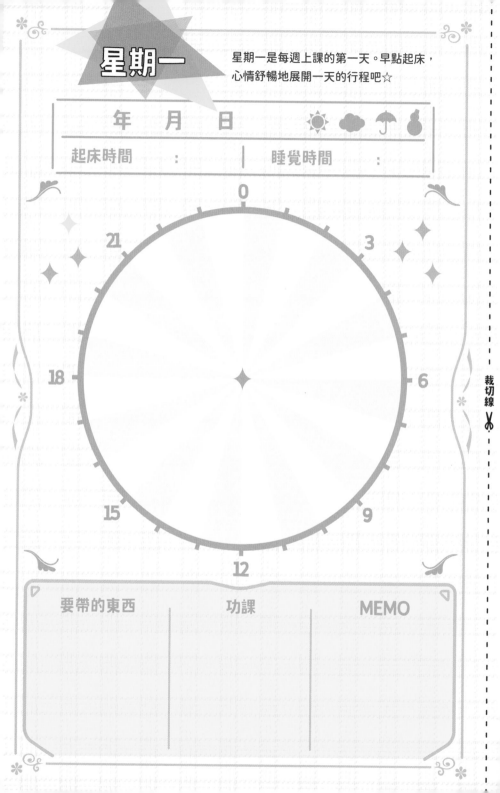

星期一

星期一是每週上課的第一天。早點起床，
心情舒暢地展開一天的行程吧☆

年　月　日　☀ ☁ ☂ 🍶

起床時間　　：　　｜　睡覺時間　　：

0
3
6
9
12
15
18
21

要帶的東西　　功課　　MEMO

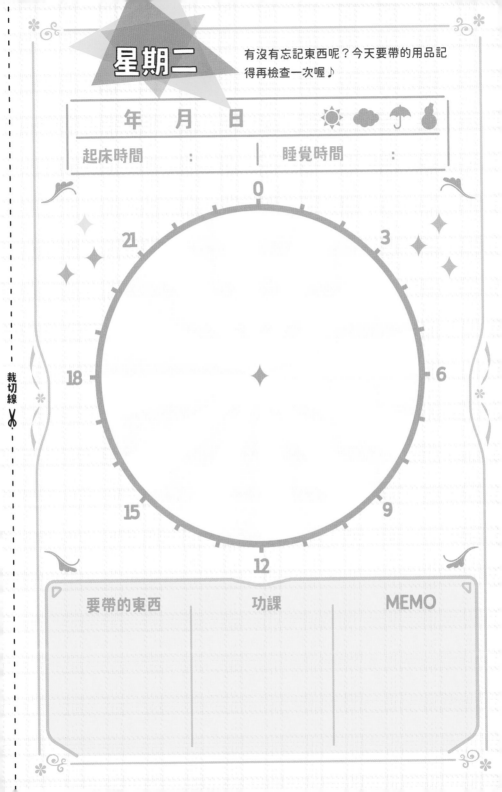

星期三

一週已經過了一半，鬆懈的心情要記得拉回來喔！

年	月	日	☀ ☁ ☂ 🌂

起床時間	：	睡覺時間	：

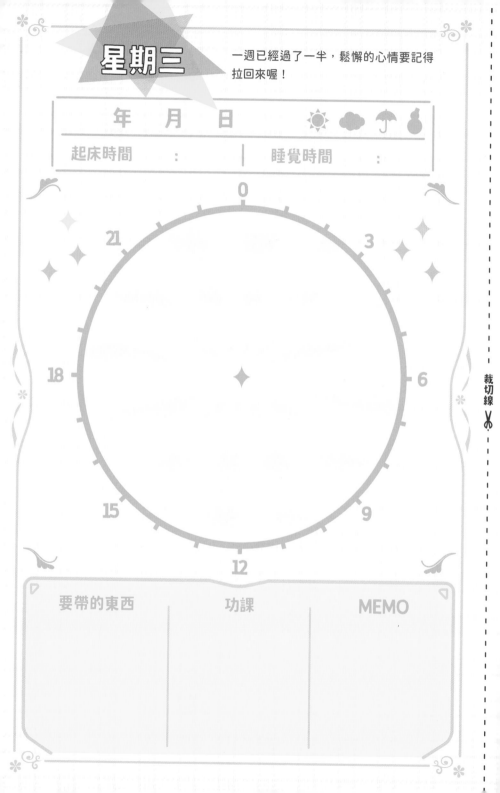

0

21

3

18

6

15

9

12

要帶的東西	功課	MEMO

星期四

今天要是有不擅長的科目，就用「開朗招呼」這把鑰匙運打開好運之門吧！

年	月	日	☀ ☁ ☂ 💧
起床時間 :		睡覺時間 :	

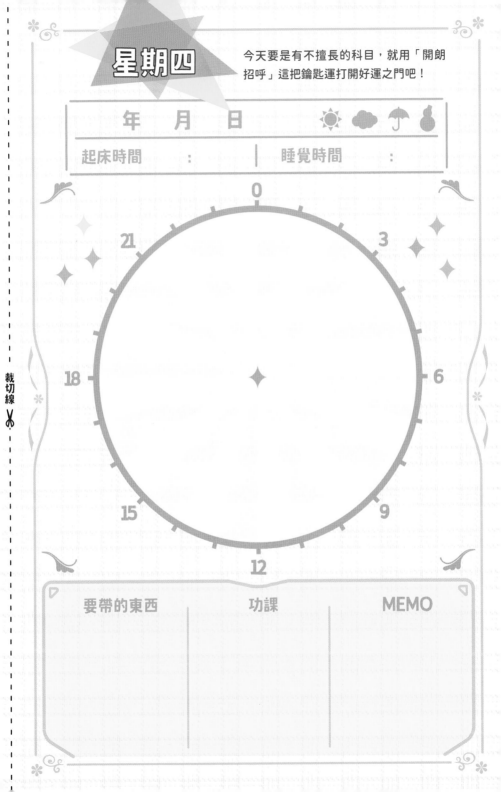

要帶的東西　　功課　　MEMO

星期五

放假前的星期五到了！打掃時間要比平常還要勤奮喔☆

年	月	日	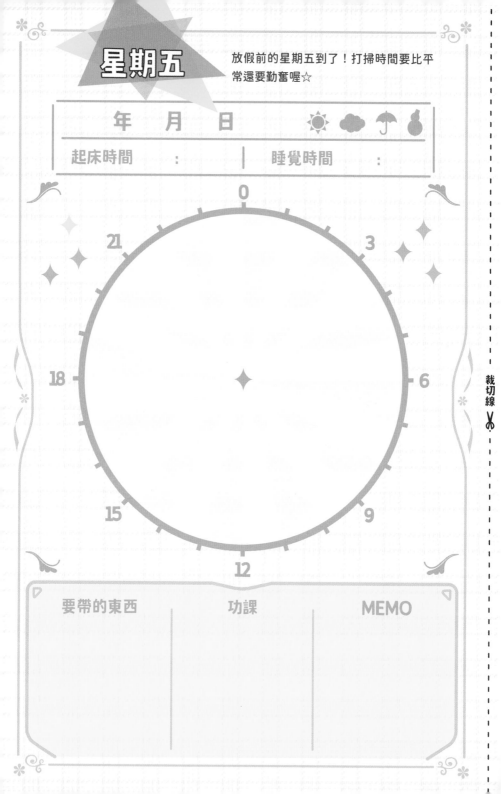

起床時間　　：　　｜　睡覺時間　　：

要帶的東西　　　　功課　　　　MEMO

星期六

假日更應該要早起，只要幫忙做家事，
好運就會來敲門喔♪

年	月	日	☀ ☁ ☂ 🌰

起床時間　　　：	睡覺時間　　　：

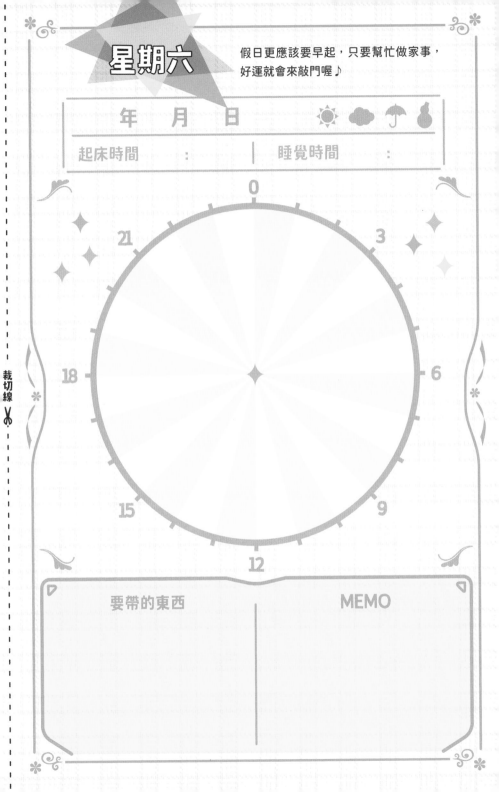

0
3
6
9
12
15
18
21

要帶的東西

MEMO

星期日

出門前先照個鏡子，整理服裝儀容吧！

年　　月　　日	☀ ☁ ☂ 🌢
起床時間　　　　：	睡覺時間　　　　：

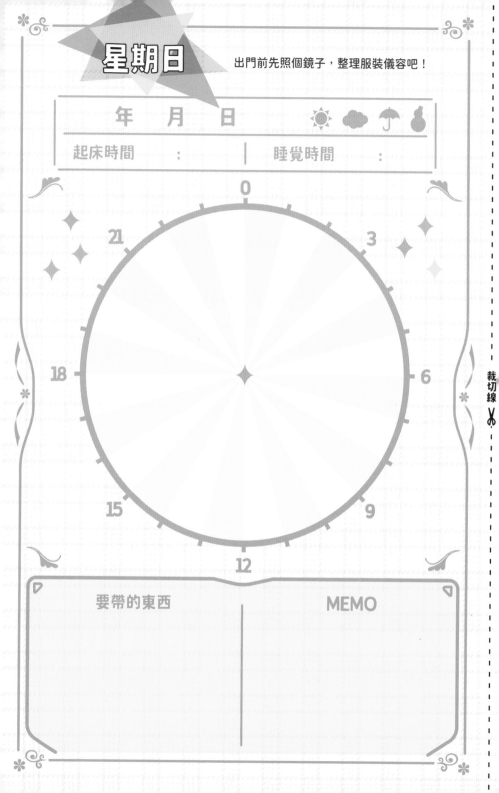

要帶的東西

MEMO

裁切線 ✂

習慣管理每天的行程之後
就可以安排一週的行程了！

STEP1 決定每天要做的事

首先寫下每天應該要做的事。寫功課及幫忙的時間也要寫上去！學校上課或吃飯的時間詳細填寫也可以。雖然時間還沒有決定，有些非做不可的事就先寫在備忘欄♪

STEP2 分配讀書的「進度」

試著想一下每週的讀書進度。例如先訂下這週練習要寫完30頁的目標，之後再來決定每天要寫的份量，像是星期一寫5頁，星期二寫4頁等。

填寫範例

日期下方的空白處可以填寫預定活動，非常方便喔！

檢查表

私人的預定行程及筆記

☑ 小櫻的生日禮物
☑ 還書(4/9 前)
☐ 布置房間
☐

週間計畫表

⊖ 4 / 6	⊖ 4 / 7	⊖
全校集合	花園澆水	
	6	6

	20	20	20
		21	21
		22	22
	MEMO	MEMO	
	19:00	15:00	
	確認	去麗可家	
	音樂節目！		

要事先填寫每週該做的事喔！

本週總結
房間終於
布置好了
心情真舒暢！

一週結束時做個總結，也可以用來代替日記。

裁切線 ✂

週間計畫表

㊀ /	㊁ /	㊂ /	㊃ /
6	6	6	6
7	7	7	7
8	8	8	8
9	9	9	9
10	10	10	10
11	11	11	11
12	12	12	12
13	13	13	13
14	14	14	14
15	15	15	15
16	16	16	16
17	17	17	17
18	18	18	18
19	19	19	19
20	20	20	20
21	21	21	21
22	22	22	22
MEMO	MEMO	MEMO	MEMO

五　／	六　／	日　／	檢查表
			☐ ....
6	6	6	☐ ....
7	7	7	☐ ....
8	8	8	☐ ....
9	9	9	☐ ....
10	10	10	☐ ....
11	11	11	☐ ....
12	12	12	☐ ....
13	13	13	☐ ....
14	14	14	☐ ....
15	15	15	☐ ....
16	16	16	☐ ....
17	17	17	
18	18	18	本週總結
19	19	19	
20	20	20	
21	21	21	
22	22	22	
MEMO	MEMO	MEMO	

裁切線 ✂

裁切線 ✂

daily plan sheet &
weekly plan sheet